经济研究所专家学者文库

中国经济行稳致远的优势和潜力研究

国家发展和改革委员会经济研究所 ◎编

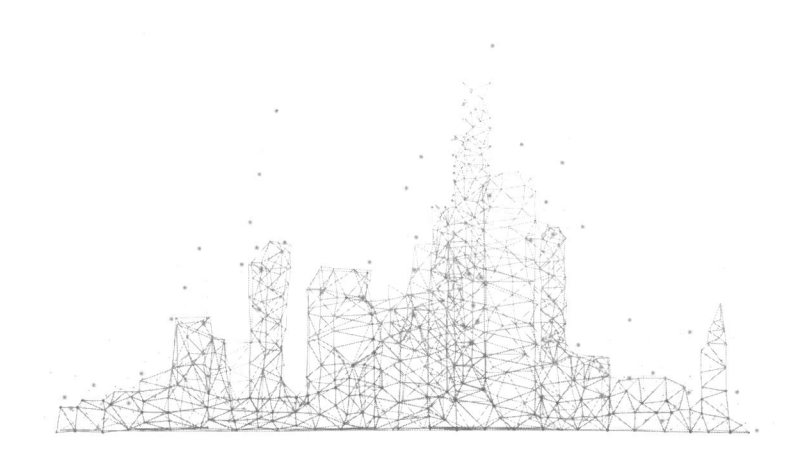

经济科学出版社
·北京·

图书在版编目（CIP）数据

中国经济行稳致远的优势和潜力研究/国家发展和改革委员会经济研究所编. -- 北京：经济科学出版社，2025.9. --（经济研究所专家学者文库）. -- ISBN 978 - 7 - 5218 - 7231 - 6

Ⅰ. F124 - 53

中国国家版本馆 CIP 数据核字第 202503ST35 号

责任编辑：宋艳波　白　静
责任校对：蒋子明
责任印制：邱　天

中国经济行稳致远的优势和潜力研究
ZHONGGUO JINGJI XINGWEN ZHIYUAN DE YOUSHI HE QIANLI YANJIU
国家发展和改革委员会经济研究所　编
经济科学出版社出版、发行　新华书店经销
社址：北京市海淀区阜成路甲 28 号　邮编：100142
编辑部电话：010 - 88191469　发行部电话：010 - 88191522
网址：www.esp.com.cn
电子邮箱：esp@esp.com.cn
天猫网店：经济科学出版社旗舰店
网址：http://jjkxcbs.tmall.com
固安华明印业有限公司印装
710×1000　16 开　9.25 印张　140000 字
2025 年 9 月第 1 版　2025 年 9 月第 1 次印刷
ISBN 978 - 7 - 5218 - 7231 - 6　定价：66.00 元
(图书出现印装问题，本社负责调换。电话：010 - 88191545)
(版权所有　侵权必究　打击盗版　举报热线：010 - 88191661
QQ：2242791300　营销中心电话：010 - 88191537
电子邮箱：dbts@esp.com.cn)

本书编委会

编委会主任：郭春丽

编委会副主任：蓝海涛　郭丽岩

编　　　委：安淑新　易　信　陆江源　李清彬

　　　　　　刘雪燕　张铭慎　杨　帆　盛雯雯

　　　　　　李世刚　刘国艳

总　序

国家发展和改革委员会经济研究所成立于1975年9月，是国家发展和改革委员会直属、宏观经济研究院管理的综合性研究机构，为正局级事业法人。经济研究所前身是邓小平同志1973年复出后进行全面整顿背景下成立的两个重要研究机构之一———国务院工资理论小组，是新中国成立的第一个国家级综合性经济研究所，伴随改革开放伟大历史进程不断发展壮大。

建所50年来，经济研究所紧紧围绕服务国家宏观经济决策和发展改革委中心工作，紧扣我国改革开放的时代脉搏，始终走在经济理论与政策研究的前列，是我国宏观经济形势分析的发源地、宏观经济政策研究的主力军、中长期发展战略研究的排头兵。目前研究涵盖发展战略与规划、宏观经济形势分析预测、财政政策与财税体制、货币政策与金融体制、收入分配与消费、资本市场与信用环境、企业改革发展、经济安全等领域。

建所50年来，经济研究所的一批批专家学者怀揣着报效祖国的理想，将个人发展融入强国建设、民族复兴的伟大事业中，为国家发展和社会进步奉献了青春，在不同历史时期都作出了贡献。著名经济学家于光远、薛暮桥、柳随年、桂世镛、王积业、周才裕、王永治、刘福垣、陈东琪、刘树杰、宋立、孙学工、郭春丽等先后担任所长。老一代著名经济学家许涤新、刘国光、董辅礽、孙尚清、罗元铮、徐禾、赵履宽、黄振奇等曾在经济研究所工作。专家们以

"学术报国"的奉献精神和科学严谨的治学态度，创造和见证了经济研究所辉煌历史，形成了不为名利、不随波逐流、矢志不渝"为祖国奉献、为国家服务"的光荣传统。

建所50年来，经济研究所产生了一批有决策支撑力、社会影响力的研究成果。第一任所长于光远带领大家与其他部门共同完成了按劳分配、计划与市场关系等重大理论问题研究，并组织领导了全国性的大讨论，为改革开放初期"拨乱反正"提供了重要理论支撑。第二任所长薛暮桥等完成的《中国社会主义经济问题》、第三任所长柳随年主持编写的新中国第一部经济发展史《中国社会主义经济简史》，在国内外引起了重大反响。中青年研究人员王建等提出的"国际大循环"战略思想，为我国实行对外开放提供了重要理论支持。第五任所长王积业提出的"国家调控市场 市场引导企业"理论，为党的十三大报告所采纳。第六任所长周才裕关于产业结构调整的深入研究为我国产业政策出台发挥了积极作用。第七任所长王永治主持完成的社会主义市场经济基本内涵和主要特征研究，第八任所长刘福垣提出的"以人为本、以中为重、全方位开放"的发展方略，第九任所长陈东琪等提出的财政货币"双稳健"宏观调控政策建议，第十任所长刘树杰、副所长宋立共同主持完成的面向2020年我国经济发展战略，第十一任所长宋立主持完成的"十三五"时期我国发展环境、发展趋势和战略思路，第十二任所长孙学工带领完成的供给侧结构性改革重大政策，第十三任所长郭春丽主持完成的全面建设社会主义现代化国家的目标愿景和战略思路研究，资深研究员常修泽提出的"广义产权论"和"人本经济学研究"，在不同时期为党和国家起草重要报告、作出重大决策提供了理论参考，为我国发展改革作出了重要贡献，并产生了良好的社会影响。

建所50年来，针对各个时期的热点、难点和重点问题，经济研究所完成的近400项研究成果获得党中央、国务院领导和部委领导重视，获国家级科技进步奖2项、部委级科技进步和优秀研究成果奖60余项，获孙冶方经济科学奖2项、薛暮桥价格研究奖8项，获第23届国际管理学界最高奖——国际管理科学弗朗兹·爱德曼奖1项。

近年来，经济研究所传承和发扬光荣传统，充分利用建所历史长、学科门类全、人才队伍强、科研氛围好、社会影响大的优势，持续深入开展重大理论和实践应用研究，在理论探讨、政策研究、宣传阐释等方面取得了丰硕成果。在建所50周年之际，我们集中出版一批学术研究成果，这既是对薪火相传学术历程的记录，也是对守正创新科研精神的传承，更是对与时俱进、再创辉煌的希冀。

本次出版的《经济研究所专家学者文库》系列丛书，共有五本。《全面建设社会主义现代化新阶段我国发展环境、发展趋势和战略思路研究》是国家社科基金重大项目研究成果，系统回答了未来30年外部环境、内部条件和经济社会发展趋势、目标愿景、战略任务等重大问题。《构建中国式现代化指标体系研究》是宏观经济研究院重点课题研究成果，深入研究了中国式现代化的理论基础、科学内涵、本质特征、评价指标体系。《中国经济：学术前沿问题研究》是近十年来经济研究所科研人员在重要核心期刊发表的论文合集，围绕发展战略、宏观经济、财税金融、改革创新等领域进行了学术探讨。《中国经济行稳致远的优势和潜力研究》收录了经济研究所科研人员近年来在"三报一刊"等刊物上发表的理论文章，回答了中国经济为什么能、为什么好。《中国经济：宏观经济治理与发展战略研究》是2024年青年研究人员完成的优秀研究成果合集，对一些重大理论和实践问题进行了初步探索。

新时代新征程上，作为国家高端智库，经济研究所责任更加重大、使命更加光荣。经济研究所将始终牢牢把握坚持和完善中国特色社会主义制度的大方向，把基础理论研究和政策应用研究结合起来，全面提升科研创新力、决策支撑力和社会影响力，更好服务支撑国家宏观决策和发展改革委中心工作，为强国建设、民族复兴作出新的更大贡献。

序

经济领域始终是发挥舆论引导作用的主阵地。2023年12月召开的中央经济工作会议提出，要加强经济宣传和舆论引导，唱响中国经济光明论。唱响中国经济光明论，不仅要以高质量发展实际成效有力驳斥各种"中国崩溃论"的谬误，更需要从理论上研究中国经济为什么能、中国经济为什么好。近年来，经济研究所在做好服务国家宏观决策的同时，积极发挥国家高端智库优势，从理论上研究阐释中国经济行稳致远的优势和潜力，为国内外更好了解中国经济作出了积极贡献。

本书收录了2016年以来在经济研究所工作的科研人员发表在《人民日报》《光明日报》《经济日报》《求是》等重要报纸杂志上的30篇理论文章，分为"学思践悟习近平经济思想""学习贯彻党的二十届三中全会精神""学习贯彻中央经济工作会议精神"三大部分。"学思践悟习近平经济思想"篇中的11篇文章，对习近平经济思想中的新发展阶段、贯彻新发展理念、构建新发展格局、推动高质量发展等重大理论进行了研究阐释。"学习贯彻党的二十届三中全会精神"篇中的5篇文章，对构建高水平社会主义市场经济体制、健全宏观经济治理体系等重点领域的重大改革举措进行了研究阐释。"学习贯彻中央经济工作会议精神"篇中的14篇文章，从经济工作总基调、宏观政策取向、扩大内需等方面，深入宣传贯彻中央经济工作会议精神，引导社会各界更好理解党中央决策部署。

本书收录的文章从学理角度阐明了中国经济基础稳、优势多、韧性强、潜力大的特征,有助于社会各界对中国经济形成更准确、更积极、更全面的认知。经济研究所已进入"知天命之年",站在新起点上,我们将继续发扬为祖国奉献、为国家服务的优良传统,持续用扎实的理论研究成果讲清中国经济长期向好的大势,讲透中国经济高质量发展的逻辑,讲好中国经济惠及全球的故事,为中国经济行稳致远提供理论支撑。

目录
CONTENTS

▶ 第一篇　学思践悟习近平经济思想 ◀

中国式现代化的中国特色和世界意义 …………………………… 3
以人民为中心贯彻新发展理念 …………………………………… 7
科学把握经济高质量发展的内涵、特点和路径 ………………… 10
以效率变革、动力变革促进质量变革
　　——牢牢把握高质量发展这个首要任务 ………………… 16
全方位扩大国内需求的深刻内涵和实施重点 …………………… 18
充分发挥我国超大规模市场优势和内需潜力 …………………… 25
坚持扩大内需这个战略基点 ……………………………………… 30
在法治轨道上推动民营经济持续健康高质量发展 ……………… 34
民营企业发展环境持续优化 ……………………………………… 41
强化乡村振兴的外部支撑体系 …………………………………… 45
打造高水平对外开放新格局 ……………………………………… 48

▶ 第二篇　学习贯彻党的二十届三中全会精神 ◀

构建高水平社会主义市场经济体制 ……………………………… 53
健全宏观经济治理体系的侧重点 ………………………………… 58

构建全国统一大市场的重大改革举措 ………………………………… 63
推进重点领域改革　加快完善市场经济基础制度 ………………… 68
顺应趋势完善扩大消费长效机制 ………………………………………… 73

▶第三篇　学习贯彻中央经济工作会议精神◀

科学把握稳中求进、以进促稳、先立后破 …………………………… 79
提高宏观调控前瞻性针对性有效性 …………………………………… 84
增强宏观政策取向一致性提升治理效能 ……………………………… 89
提升政策工具组合效能推动经济持续回升向好 ……………………… 94
宏观经济治理有力推动经济质效向好 ………………………………… 100
找准扩大内需关键点 …………………………………………………… 105
以消费提质升级充分释放消费潜力 …………………………………… 108
如何破解消费供给的结构性矛盾 ……………………………………… 113
把握消费升级趋势扩大内需 …………………………………………… 116
把握农业现代化发展新机遇 …………………………………………… 119
以产业兴旺促乡村全面振兴 …………………………………………… 123
接续推动脱贫摘帽地区乡村全面振兴 ………………………………… 126
加快推进人与自然和谐共生的现代化 ………………………………… 129
为什么要加快打造绿色低碳供应链？ ………………………………… 132

第一篇
学思践悟习近平经济思想

中国式现代化的中国特色和世界意义*

党的二十大报告对中国式现代化作了深刻阐释，概括了中国式现代化是人口规模巨大的现代化、是全体人民共同富裕的现代化、是物质文明和精神文明相协调的现代化、是人与自然和谐共生的现代化、是走和平发展道路的现代化这5个方面的中国特色，深刻揭示了中国式现代化的科学内涵。中国式现代化是全面建成社会主义现代化强国、实现中华民族伟大复兴的康庄大道，为世界现代化提供了新理论新范式，对中国和世界都具有重大理论价值和实践意义。

习近平总书记强调："一个国家选择什么样的现代化道路，是由其历史传统、社会制度、发展条件、外部环境等诸多因素决定的。国情不同，现代化途径也会不同。实践证明，一个国家走向现代化，既要遵循现代化一般规律，更要符合本国实际，具有本国特色。"[①] 中国式现代化5个方面的中国特色，展现出广泛性、人民性、协调性、共生性、开放性。

第一，人口规模巨大，体现了中国式现代化的广泛性。人口规模巨大的现代化，是中国式现代化的显著特征。作为世界上最大的发展中国家，要在14多亿人口规模的基础上实现现代化，意味着比现在所有发达国家人口总和还要多的人将进入现代化行列，将彻底改写现代化的世界版图，充分体现了我国现代化建设的广泛性。人口规模巨大，能为现代化建设提供充足的人力资源和超大规模市场，同时巨大的人口规模使我国推进现代化建设的艰巨性

---

* 作者郭春丽，本文原载于《经济日报》2023年11月29日。
① 习近平：《中国式现代化是强国建设、民族复兴的康庄大道》，《求是》2023年第16期。

和复杂性前所未有，发展途径和推进方式也必然具有自己的特点。推进人口规模巨大的现代化，要锚定人民群众对美好生活的向往，充分挖掘人力资源潜能，深入挖掘超大规模市场潜力，为现代化建设提供强大的人力资源保障和内需支撑。要积极回应人民群众在就业、分配、教育、医疗、住房、养老、托幼等方面的诉求和多层次需要，通过积极创造发展过程人人参与、发展成果人人享有的环境，凝聚起14多亿人投身现代化建设的磅礴伟力。

第二，全体人民共同富裕，体现了中国式现代化的人民性。全体人民共同富裕的现代化，是中国式现代化的本质特征，也是区别于西方现代化的显著标志。实现全体人民共同富裕是广大人民群众的共同期盼，昭示了人类文明新形态的崇高价值追求。西方现代化的最大弊端，就是以资本为中心而不是以人民为中心，追求资本利益最大化而不是服务绝大多数人的利益，导致贫富差距过大、两极分化严重。中国式现代化坚持以人民为中心的发展思想，坚持人民主体地位，强调人民是现代化建设的主体和文明的创造者，坚持发展为了人民、发展依靠人民、发展成果由人民共享，坚决防止两极分化。推进全体人民共同富裕的现代化，要始终把人民对美好生活的向往作为奋斗目标，既要通过全国人民共同奋斗把"蛋糕"做大做好，又要通过合理的制度安排把"蛋糕"切好分好，自觉主动解决地区差距、城乡差距、收入分配差距等问题，让现代化建设成果更多更公平惠及全体人民。

第三，物质文明和精神文明相协调，体现了中国式现代化的协调性。既要物质富足，也要精神富有，是中国式现代化的崇高追求。中国式现代化深深植根于中华优秀传统文化，坚持物质文明和精神文明两手抓、两手硬，为创造经济快速发展和社会长期稳定两大奇迹提供了坚实支撑，也在全体人民拥有团结奋斗的思想基础、开拓进取的主动精神、健康向上的价值追求中拓展了文明发展新境界。推进物质文明和精神文明相协调的现代化，要将物的全面丰富和人的全面发展统一到现代化建设实践中，更好满足人民日益增长的精神文化需求，建设具有强大凝聚力和引领力的社会主义意识形态，发展社会主义先进文化，推动形成适应新时代要求的思想观念、精神风貌、文明风尚、行为规范，不断丰富人民精神世界，提高全社会文明程度，推动人的全面发展，提升中华文化影响力。

第四，人与自然和谐共生，体现了中国式现代化的共生性。尊重自然、顺应自然、保护自然，促进人与自然和谐共生，是中国式现代化的鲜明特点。党的十八大以来，我国坚持走生态优先、绿色发展之路，把"美丽中国"纳入社会主义现代化强国目标，把"生态文明建设"纳入"五位一体"总体布局，把"人与自然和谐共生"纳入新时代坚持和发展中国特色社会主义基本方略，创造了举世瞩目的生态奇迹和绿色发展奇迹，走出了一条生产发展、生活富裕、生态良好的文明发展道路。推进人与自然和谐共生的现代化，要牢固树立和践行绿水青山就是金山银山的理念，坚持山水林田湖草沙一体化保护和系统治理，推进生态优先、节约集约、绿色低碳发展，加快发展方式绿色转型，提升生态系统多样性、稳定性、持续性，积极稳妥推进碳达峰碳中和，以高品质的生态环境支撑高质量发展。

第五，走和平发展道路，体现了中国式现代化的开放性。坚持和平发展，是中国式现代化的突出特征。我们党始终坚定不移地站在历史正确的一边、站在人类文明进步的一边，以胸怀天下的宏阔视野将中国发展与世界发展统一起来，走出了一条通过合作共赢实现共同发展、和平发展的现代化道路。在坚定维护世界和平与发展中谋求自身发展，又以自身发展更好维护世界和平与发展，为应对全人类面临的共同挑战贡献中国智慧、中国方案、中国力量。推进走和平发展道路的现代化，要始终高举和平、发展、合作、共赢旗帜，奉行互利共赢的开放战略，弘扬全人类共同价值，推动构建人类命运共同体，通过激发内生动力与和平利用外部资源相结合的方式来实现国家发展，不断以中国新发展为世界提供新机遇。

我们党团结带领中国人民经过长期不懈奋斗，成功走出中国式现代化道路，取得举世瞩目的发展成就。党的十八大以来，我们党在已有基础上继续前进，不断实现理论和实践上的创新突破，成功推进和拓展了中国式现代化。不仅为世界发展提供新机遇新动力，而且为人类社会现代化理论和实践创新作出新贡献。

从根本特征看，中国式现代化是中国共产党领导的社会主义现代化。从建设内容看，中国式现代化坚持物质文明和精神文明协调发展、经济社会可持续发展、人与自然和谐共生等，体现"五位一体"总体布局和"四个全面"战略布局。从实现路径看，中国式现代化顺应当今世界发展大势，以新发展理念为引领，以"四化"同步发展为推进路径，以构建新发展格局为战略安排，既注重深度挖掘国内市场潜力，又注重深度参与国际分工，具有鲜明的时代性和开放性。从价值追求看，中国式现代化坚持以人民为中心的发展思想，将实现全体人民共同富裕作为本质要求的重要内容，既造福中国人民，也造福世界各国人民。从国际关系看，中国式现代化坚持构建人类命运共同体理念，坚持独立自主、和平发展、合作共赢。中国式现代化理论是马克思主义中国化时代化的重大创新。概括提出并深入阐述中国式现代化理论，是党的二十大的一个重大理论创新，是科学社会主义的最新重大成果。

  人类社会发展进程曲折起伏，各国探索现代化道路的历程充满艰辛。中国式现代化既遵循现代化一般规律，更符合本国实际，具有本国特色。既基于自身国情，又借鉴各国经验；既传承历史文化，又融合现代文明；既造福中国人民，又促进世界共同发展；既是我们强国建设、民族复兴的康庄大道，又是中国谋求人类进步、世界大同的必由之路。中国式现代化开辟了现代化发展新道路，创造了人类文明新形态，以其成功实践和基于实践基础的理论创新，给世界上那些既希望加快发展又希望保持自身独立性的国家和民族提供了全新选择，为广大发展中国家基于自身国情自主探索各具特色的现代化之路提供了有益启示和经验。

以人民为中心贯彻新发展理念*

人民是推动发展的根本力量。以习近平同志为核心的党中央坚持以人民为中心的发展思想，把增进人民福祉、促进人的全面发展作为一切工作的出发点和落脚点，发展人民民主，维护社会公平正义，保障人民平等参与、平等发展的权利，充分调动人民的积极性、主动性、创造性。这充分体现了马克思主义政治经济学的根本立场、体现了百年大党的初心和使命，也是新时代新征程部署工作、制定政策、推动发展的重要遵循。

需要看到，为人民谋幸福、为民族谋复兴，这既是我们党领导现代化建设的出发点和落脚点，也是新发展理念的"根"和"魂"。只有坚持以人民为中心的发展思想，坚持发展为了人民、发展依靠人民、发展成果由人民共享，才会有正确的发展观、现代化观。完整、准确、全面贯彻新发展理念，就要从根本宗旨把握新发展理念，在贯彻新发展理念的过程中必须始终坚持以人民为中心的发展思想。

第一，坚持人民主体地位，推动创新发展。创新是引领经济社会发展的第一动力，必须坚持创新在我国现代化建设全局中的核心地位。需要看到，人是最活跃的创新要素，推动创新发展就必须站稳人民立场、坚持人民主体地位、尊重人民首创精神。新时代新征程，我们必须坚持人才是第一资源的理念，聚天下英才而用之，充分释放广大科技工作者的才华和能量，依靠人民群众推动创业创新创造向纵深发展。坚持科技创新面向世界科技前沿、面向经济主战场、面向国家重大需求、面向人民生命健康，组织实施重大科技

---

* 作者郭春丽、李清彬，本文原载于《经济日报》2022年1月10日。

创新项目，加强创新链和产业链对接，推动创新与增进民生福祉、促进人的全面发展、推进全体人民共同富裕相衔接，走从人才强、科技强到产业强、经济强、国家强的创新发展新路径。

第二，着眼于满足人民美好生活需要，促进协调发展。协调既是发展手段，又是发展目标，同时还是评价发展的标准和尺度。实现城乡协调、区域协调发展，是我们党领导人民进行社会主义现代化建设追求的重要目标，也是坚持以人民为中心的发展思想的重要体现。新时代新征程，我们要更好解决人民日益增长的美好生活需要和不平衡不充分的发展之间的矛盾，必须把以人民为中心的发展思想贯穿于促进协调发展的全过程和各领域。要正确处理发展中的重大关系，促进现代化建设各个方面、各个环节相协调；要健全城乡融合发展体制机制，促进城乡公共资源均衡配置，不断缩小城乡发展差距；要统筹东中西、协调南北方，实施好区域重大战略和区域协调发展战略，努力实现基本公共服务均等化、基础设施通达程度比较均衡、人民基本生活保障水平大体相当；要在发展经济的同时投入更多精力和资源做好教育、住房、医疗卫生等领域的工作，解决好人民最关心最直接最现实的利益问题，推动经济建设与社会建设相协调。

第三，锚定人民更高层次需求，实现绿色发展。良好生态环境是最公平的公共产品，是最普惠的民生福祉。我们推动生态文明建设的根本目的是改善人民生活环境、提高人民生活质量。当前，人民日益增长的优美生态环境需要凸显，广大群众从"盼温饱"转向"盼环保"、从"求生存"转向"求生态"。对此，需坚持以人民为中心的发展思想，大力推动生态文明建设，建立健全绿色低碳循环发展的经济体系，推动经济社会发展全面绿色转型。新时代新征程，我们要像保护眼睛一样保护自然和生态环境，从生态系统整体性出发，推进山水林田湖草沙一体化保护和修复，提升生态系统质量和稳定性；要健全党委领导、政府主导、企业主体、社会组织和公众共同参与的环境治理体系，提高生态环境治理体系和治理能力现代化水平；要增强全民节约意识、环保意识、生态意识，倡导简约适度、绿色低碳的生活方式，把建设美丽中国转化为全体人民自觉行动。

第四，着力增进全人类福祉，坚持开放发展。开放是国家繁荣发展的必由之路，也是满足人民日益增长的美好生活需要的客观要求。党的十八大以来，习近平总书记提出"共同构建人类命运共同体"，[1] 强调"中国开放的大门只会越开越大"[2]"欢迎各国搭乘中国发展的'顺风车'"[3]，充分体现了我国实行更加积极主动的开放战略的坚定决心。新时代新征程，世纪疫情冲击下，百年变局加速演进，外部环境更趋复杂严峻和不确定，我们必须始终坚持以人民为中心的发展思想，着眼于增进全人类福祉，秉持人类命运共同体理念，推动经济全球化朝着更加开放、包容、普惠、平衡、共赢的方向发展；加快构建新发展格局，在更好实施扩大内需战略的同时，推动制度型开放，推动共建"一带一路"高质量发展，更加积极地融入全球市场，更加主动地深化对外合作，让全球化发展的红利惠及中国人民和世界各国人民。

第五，扎实推动全体人民共同富裕，推进共享发展。共享是中国特色社会主义的本质要求。党的十八大以来，我们党坚持全民共享、全面共享、共建共享、渐进共享，采取有力措施保障和改善民生，促进幼有所育、学有所教、劳有所得、病有所医、老有所养、住有所居、弱有所扶，依靠广大人民群众的勤劳智慧，打赢脱贫攻坚战，全面建成小康社会，为促进共同富裕创造了良好条件。新时代新征程，我们推动共同富裕要统筹考虑需要和可能，按照经济社会发展规律循序渐进，既要把"蛋糕"做大，又要把"蛋糕"分好，在发展中保障和改善民生。要在高质量发展中促进共同富裕，正确处理效率和公平的关系，构建初次分配、再分配、三次分配协调配套的基础性制度安排，加大税收、社保、转移支付等调节力度并提高精准性，扩大中等收入群体比重，增加低收入群体收入，合理调节高收入，自觉主动解决地区差距、城乡差距、收入差距等问题，形成中间大、两头小的橄榄型分配结构，推动社会全面进步和人的全面发展，促进社会公平正义，使全体人民朝着共同富裕目标扎实迈进。

---

[1] 《习近平在伦敦金融城的演讲》，新华网，2015年10月22日。
[2] 《习近平向首届跨国公司领导人青岛峰会致贺信》，《人民日报》2019年10月20日。
[3] 《习近平在第七十届联合国大会一般性辩论时的讲话（全文）》，新华网，2015年9月29日。

科学把握经济高质量发展的内涵、特点和路径*

我国经济已由高速增长阶段转向高质量发展阶段。当前及今后一个时期，全球正在经历百年未有的大变局，我国经济社会发展条件和发展趋势都在发生深刻变化。推动经济高质量发展，既面临重大机遇，也面临诸多难题和挑战。我们要全面理解高质量发展的理论内涵，把握高质量发展渐进性、系统性的发展过程，推动经济发展质量变革、效率变革、动力变革。

经济高质量发展的理论内涵

党的十九大报告指出，我国经济已由高速增长阶段转向高质量发展阶段。这是以习近平同志为核心的党中央根据国际国内环境变化，特别是我国发展条件和发展阶段变化而作出的重大判断。经济高质量发展的核心是质量第一、效益优先，其背后具有深厚的理论内涵和重大的实践指导意义。

综观世界经济发展史，对经济发展演变规律和质量效益的认识，伴随着社会生产力的发展而不断深化。从早期更多使用"效益"或"效率"来表示对经济发展质量的追求，到西方经济学中的经济增长理论提出技术进步是实现经济持续发展的决定性因素。随着理论研究的深化和发展，对经济发展质量的研究逐步扩大到制度体系、社会公平、环境保护等方面。

中央强调，高质量发展，是能够很好满足人民日益增长的美好生活需要的发展，是体现新发展理念的发展。这一论断明确了高质量发展的目的与手

---

* 作者孙学工、郭春丽、李清彬，本文原载于《经济日报》2019年9月17日。

段。以经济学术语来表述,经济高质量发展就是以高效率高效益生产方式为全社会持续而公平地提供高质量产品和服务的经济发展,在具体经济形态上就是一个高质量、高效率和高稳定性的供给体系。

一是供给体系的质量高。供给体系包括从要素投入、中间品投入到最终产出三个环节。供给体系的三个环节质量紧密相关。供给体系的质量高就是指三个环节的质量都要高。要素投入质量高是指投入到供给体系中的劳动力、资本、技术、能源资源以及数据、信息等要素的质量高,表现在劳动力素质高,生产资料的自动化、数据化、信息化程度高,能源资源绿色化程度高,投入到生产过程中的技术水平高,以及信息数据资源的规模大、质量和价值高等方面。中间品投入质量高是指生产过程中的中间产品,例如零部件质量、精度等能够很好地满足生产需要,这就要求产业分工和专业化程度不断提高,产业结构要不断优化升级,能够形成一个有效协同、相互支撑的供应链体系。最终产出质量高是高质量发展的重要内涵,就是我们通常所说的产品和服务质量高,是指能够提供高质量的产品和服务,满足消费者多样化、个性化、不断升级的高品位需求,更好满足人民日益增长的美好生活需要。高质量的供给体系在具体产出形态层面表现为产品和服务的高质量、高性能;在产业层面表现为合理化、高级化的产业结构。

二是供给体系的效率高。从静态看,供给体系的效率高表现在技术效率高和经济效益好的统一。技术效率决定了在给定资源条件下的生产可能性边界,在资源稀缺的现实中,推动高质量发展必然要求高效、集约地发挥现有资源要素潜力,实现各类生产要素投入产出效率最大化,资本效率、人力资源效率等达到相当高的水平。经济效益则更加强调资源配置与组合的合理性,代表了配置效率和分配合理的程度。高质量发展要求资源在不同用途之间合理配置,使各类要素边际生产率达到最高,各类要素的边际报酬达到最高。从动态看,供给体系的效率高还表现在效率的不断提升从而成为经济发展持续强劲的动力来源,也就是经济增长从主要依靠要素投入转向更加依靠全要素生产率提升,经济增长动力中全要素生产率的贡献不断提高。从这一意义上讲,经济增长动力的转换过程也是推动产出效率提升的过程,动力转换和效率提升是统一的。

三是供给体系的稳定性高。经济高质量发展还应体现在供给体系保持一个相对高水平的稳定状态。从时间维度看，高稳定性短期表现为经济平稳运行在合理区间，中长期则表现为产出的可持续性强。从空间维度看，稳定性高既要求经济体系自身的健康稳健，也要求经济体系与社会、环境相协调。同时，经济发展能够为全体社会成员提供发展机会，成果为全体人民共享。在资源环境方面，自然资源合理利用、生态环境有效保护，资源环境可承载经济长期可持续增长。简而言之，经济发展的稳定性高就是经济运行平稳、重大风险可控、资源环境可承载、发展成果共享。

需要强调的是，供给体系的质量、效率和稳定性高是经济高质量发展的核心要义，只有同时具备这些特征，且这些特征彼此互恰、互为支撑，而不是相互冲突时，才称得上经济高质量发展。

高质量发展是渐进性、系统性的发展过程

总结既往国内外发展经验，高质量发展呈现出明显的阶段性特征。随着经济发展阶段的转换，与发展质量相关的一些方面，例如产品和服务质量、技术效率和经济效益、经济增长动力转换、环境质量、收入分配等在一定时点会发生趋势性变化。主要表现为随着经济发展，资本、劳动等生产要素质量不断提升，产出质量不断提升，劳动生产率不断提升，产业附加值率不断提升，经济发展动力由要素驱动转向效率驱动和创新驱动，产业结构不断升级。需要特别注意的是，这些趋势性变化并非自然而然发生，其中既有客观规律的体现，也是制度政策努力推动的结果。

分析不同发展阶段主要质量指标变化情况，可以发现，向高质量发展转换呈现出以下典型特征。一是渐进性。高质量发展是一个不断变化、缓慢演进的过程，也是一个积小变为大变、从量变到质变的过程。在这个发展过程中，要素、产品和产业质量，产出效率，经济增长动力，以及经济增长的稳定性和发展的可持续性等均出现了渐进性变化。产出质量的提升通常从微观要素质量的提高发端，继而经济增长动力由要素驱动转向效率驱动和创新驱动，同时微观要素使用效率、宏观全要素生产率不断提高，并为产出质量的提高奠定基础。高质量发展的渐进性也是需求层次渐次提升的结果，供给的

高质量不能脱离满足需求这一根本目的而孤立存在，需要首先满足低层次的需求再向满足高层次需求转变。二是系统性。高质量发展是一个全方位、系统性的变化过程，各领域高质量发展既是前提也是结果。在这个发展过程中，供给和需求两端、投入和产出两方面、微观和宏观各领域等都发生了系统性变化。这既包括供给端的产业结构优化，也包括需求端的消费升级换挡；既包括投入端的劳动、资本等要素和中间投入品质量的提高，也包括产出端产品质量性能的提升；既包括微观要素使用效率的提高，也包括宏观全要素生产率的提升；既包括短期增长动力转换，也包括长期发展更加公平、更加可持续。高质量发展是一个螺旋式上升过程，既是量积累到一定阶段必然转向质的提升的客观规律，也是政策发力攻坚克难、主动作为的结果。二者共同作用，从而更好推动经济高质量发展。

推动经济高质量发展的重要路径

推动经济发展质量变革、效率变革、动力变革是实现经济高质量发展的关键所在。其中，质量变革是主体、效率变革是主线、动力变革是基础，三者相互依托，是有机联系的整体。总体来看，推动三大变革的核心是改善要素质量和提高全要素生产率，根本动力在于科技创新和制度创新。

第一，以提高供给体系质量为主攻方向推动质量变革。

提高供给体系质量，就是要推动理念、目标、制度以及具体领域工作细节的全方位变革，是一个系统工程，应从要素投入质量、中间品投入质量和最终产出质量三个环节着手推动质量变革。

一是提升要素投入质量。要素投入是基础，其质量高低直接影响到中间品投入质量和最终产出的质量情况。从劳动力要素看，健康状况、受教育年限、技能水平等指标越高的劳动力投入，往往产出质量也就越高。从资本要素看，不同水准的厂房、机器设备的产出质量也会有明显差异。从技术要素看，采用更高水平的科学技术和工艺也有助于提升产出质量。可以说，要素投入质量很大程度上决定了产出的质量情况，是提升供给体系质量的出发点。同时，近年来的研究表明，发达国家要素质量的提升对经济发展的贡献日益显著，要素质量提高对生产率提高也有溢出效应。

二是提升中间品投入质量。社会化分工的细化和专业化构成了各行各业的产业链形态，每一个链条上的产品质量都会影响最终产出的质量，关键环节的中间品投入甚至可以直接决定最终产出能否生产和生产的质量。我国已深度嵌入全球产业链，但在关键环节的中间品上仍屡屡出现"卡脖子"现象。因而，提升中间品投入质量是提升供给体系质量的关键，应当构建起中高端的产业结构，并形成有效的产业协同配套体系。

三是提升最终产出质量。从更好满足人民日益增长的美好生活需要出发，产品和服务质量高是供给体系质量高的核心和落脚点。最终产品和服务质量关系到居民消费质量，也关系到一国产品的国际竞争力，必须通过调整质量标准体系、推进质量品牌行动等一系列举措加快提升我国产品和服务质量，从而更好推动供给体系质量提升。

第二，以提高全要素生产率为核心推动效率变革。

提高产出效率是经济学的永恒主题。推动效率变革的重点是提高全要素生产率，使经济增长更多依靠全要素生产率来拉动。全要素生产率是剔除要素投入贡献的"余值"贡献。提高全要素生产率，就要大力推进效率变革，不断提升技术效率和提升要素配置效率。

一是提升技术效率。技术效率对应的是生产可能性边界，提升技术效率就是将生产可能性边界向外推进，意味着同样规模的投入所能引致的最大产出增加。从经济发展的本质上讲，技术效率是全要素生产率最重要的内涵，在全要素生产率中也应该居于最重要的位置，因为其突破了原有能力界限，达到新的更高水平。推动技术效率提升，持续增大全要素生产率对经济增长的贡献，是打破资源环境约束的重要途径，也是保持经济长期可持续增长的重要动力。

二是提升要素配置效率。要素配置效率影响的是实际产出与生产可能性边界的距离。如果只有技术效率的提升，而要素配置效率低下的话，实际产出就会距离生产可能性边界较远，技术进步推动经济发展的潜力就不能全部释放。在二元经济结构下，推动生产要素由低生产率部门向高生产率部门转移、改善要素配置，都对提升全要素生产率的作用显著。此外，影响要素配置效率的其他因素包括制度、管理等。良好的制度与高水平的管理亦能够提供有效的激励，从而提高要素的供给和使用效率，提高全要素生产率。

第三，以科技创新和体制改革为重点推动动力变革。

经济发展动力从深层次看，一种是在既定技术水平下扩大现有资源和要素投入与产出驱动，是在原有路径上的外延扩张。另一种则是通过技术与制度创新扩大资源范围、提高资源要素使用效率和创造新的产出来驱动，是经济的结构性变化。经济发展动力的变革，由主要依靠前一种动力转向主要依靠后一种动力，是经济转向高质量发展的重要表现。

其一，科技创新是经济发展的关键动力。没有技术创新，随着资源稀缺性上升和要素报酬递减规律发挥作用，经济发展将陷入停顿。通过技术创新，能扩大可利用的资源范围，打破资源瓶颈约束；提高资源和要素的使用效率，以更少的投入创造更大的产出；为要素在更大空间上配置组合提供了技术基础；创造新的多样化、高品质的产品和服务，更好牵引和满足需求；解决经济发展对环境的负效应问题，提升经济发展的可持续性。可以说，经济高质量发展内涵的方方面面都与科技创新密切相关，因而经济高质量发展必须以科技创新为第一动力。

其二，制度创新也是推动经济高质量发展的重要动力。制度变迁影响经济发展的各维度，合理的制度安排能不断提高一国或地区经济发展质量与效率，提高全要素生产率，更好推动经济高质量发展。例如，合理的产权制度和价格制度安排等，有助于推动生产要素的重新组合、改善要素配置效率，有利于经济高效发展；有效的市场竞争机制和知识产权保护制度等，可以加快推进创新和技术进步，促进经济创新发展；科学的资源环境管理和生态文明制度等，可以推动资源环境改善，提升资源环境的可持续性等。当前和今后一个时期，我们要在深化体制机制改革上下更多功夫，从而更好激发全社会创造力和发展活力，推动经济实现更高质量、更有效率、更加公平、更可持续的发展。

以效率变革、动力变革促进质量变革

——牢牢把握高质量发展这个首要任务*

习近平总书记在参加十四届全国人大一次会议江苏代表团审议时强调："必须坚定不移深化改革开放、深入转变发展方式，以效率变革、动力变革促进质量变革，加快形成可持续的高质量发展体制机制。"① 习近平总书记的重要论述，深刻阐明了质量变革是实现高质量发展的重要目标，明确指出了效率变革、动力变革是促进质量变革的有效手段，为我们在新征程上推动高质量发展提供了根本遵循。

当前，我国已经转入高质量发展阶段，人民群众对高品质产品和服务的需求越来越旺盛，转变发展方式、优化经济结构、转换增长动力的要求更加迫切。要把发展质量摆在更加突出的位置，提高供给体系质量和效率，加快实现由低水平供需平衡向高水平供需平衡跃升。党的十八大以来，以习近平同志为核心的党中央顺应我国发展阶段、发展条件、发展格局变化，作出推动高质量发展的重大战略决策，坚定不移推进供给侧结构性改革，推动我国经济发展质量显著提高。新征程上，不断满足人民对美好生活的向往，实现全面建成社会主义现代化强国的宏伟目标，还需要不断提高我国发展质量和效益。促进质量变革，在狭义上要求突破制约产业发展的质量瓶颈、提高产品和服务质量；在广义上要求全面提高国民经济各领域各环节发展水平，培育以技术、标准、品牌、质量、服务等为核心的发展新优势。

---

* 作者吴萨，本文原载于《人民日报》2023 年 5 月 18 日。
① 《习近平在参加江苏代表团审议时强调 牢牢把握高质量发展这个首要任务》，《人民日报》2023 年 3 月 6 日。

推动效率变革，才能有力促进质量变革。效率变革的核心在于优化要素配置结构、提升投入产出效率，力争在更短时间、更深层次、更广领域提升经济发展的质量和效益。高水平社会主义市场经济体制为实现效率变革提供重要制度保障。我国社会主义市场经济体制不断完善，但还存在产权制度不完善、公平竞争制度不健全、要素市场发育滞后等短板和弱项。要进一步解放思想，坚持和完善社会主义基本经济制度，推动有效市场和有为政府更好结合，建立高效规范、公平竞争、充分开放的全国统一大市场，打通制约经济循环的关键堵点，使生产、分配、流通、消费各环节更加畅通，促进商品要素资源在更大范围内畅通流动，为加快实现效率变革提供高水平的制度保障。

实现动力变革，才能显著增强经济质量优势。动力变革的核心是加快实现新旧动能转换、提高全要素生产率。虽然我国经济总量稳居世界第二位，但仍存在大而不强的问题，主要体现在原始创新不足、产业总体上处于中低端、一些高端技术及产品还依赖进口等。对此，必须充分发挥科学技术作为第一生产力的作用，充分发挥人才作为第一资源的作用，充分发挥创新作为引领发展第一动力的作用，努力开辟发展新领域新赛道、塑造发展新动能新优势。特别是要加强制造业领域科技创新，集聚力量进行原创性引领性科技攻关，坚决打赢关键核心技术攻坚战，加快实施一批具有战略性、全局性、前瞻性的国家重大科技项目。同时，要注重扩大国际科技交流合作，加强国际化科研环境建设，形成具有全球竞争力的开放创新生态。

新征程上，面对推动高质量发展中躲不开、绕不过的矛盾，我们既要以新发展理念引领全面深化改革，又要通过全面深化改革为完整、准确、全面贯彻新发展理念提供体制机制保障，着力破解深层次体制机制障碍、深入转变发展方式，以效率变革、动力变革促进质量变革，不断突破高质量发展的卡点瓶颈，有效解决发展不平衡不充分问题。

全方位扩大国内需求的深刻
内涵和实施重点*

内需是中国经济发展的基本动力，扩大内需是保持经济平稳较快发展的基本立足点，也是习近平经济思想的重要内容。《习近平经济文选》第一卷中不少文章都对扩大内需作出深刻论述。例如，《中国开放的大门只会越开越大》指出，"内需是中国经济发展的基本动力，也是满足人民日益增长的美好生活需要的必然要求"；《确保我国经济航船乘风破浪、行稳致远》指出，"扩大内需既关系经济稳定，也关系经济安全，不是权宜之计，而是战略之举"；等等。当前，外部环境变化带来的不利影响加深，外需不确定性逐渐上升。扩大国内需求能够抵御外部冲击、持续推动我国经济回升向好、实现经济高质量发展，既是稳增长的当务之急，也是适应国内外形势变化的战略抉择，更是推进中国式现代化的长远之策。2024年中央经济工作会议提出"全方位扩大国内需求"，中共中央办公厅、国务院办公厅2025年3月16日印发《提振消费专项行动方案》。我们要以习近平经济思想为指引，加快把党中央对于扩大内需的决策部署落到实处，不断筑牢我国经济航船乘风破浪、行稳致远的内需基础。

全方位扩大国内需求具有十分广阔的空间

习近平总书记指出："未来一个时期，国内市场主导国民经济循环特征

---

* 作者郭春丽，本文原载于《人民日报》2025年5月23日。

会更加明显，经济增长的内需潜力会不断释放。"① 正确认识消费和投资的关系，充分发挥我国超大规模市场优势和强大生产能力，推动消费和投资良性循环，是全方位扩大国内需求的重要前提。从国民经济循环角度看，消费是最终目的，投资是实现这个最终目的的手段和工具。一方面，消费需求规模增加、结构变化，要求增大供给、改善供给，需要扩大投资。在这一过程中增加就业、提高收入，可以进一步增强消费能力并带动消费需求扩大。另一方面，投资需要适应消费，缺少消费需求支撑的投资是无效的，最终将通过市场出清而不复存在。同时，投资也能创造消费，创新性投资有利于催生新的消费产品和服务，激发新的消费需求。全方位扩大国内需求，需要激发有潜能的消费、扩大有效益的投资。

激发有潜能的消费，空间广阔。消费是国内大循环的起点和终点，在经济增长中具有基础性作用。当前，相对于我国国内生产总值（GDP）超过130万亿元的超大经济体量和14亿多人口构成的超大规模国内市场，我国消费总量仍然相对不足，需要立足经济发展规律和发展趋势，准确把握和激发有潜能的消费。

在消费升级中把握消费潜能。2024年，我国人均GDP超过1.3万美元，居民消费加速从衣食住行向文教康乐升级。我国居民恩格尔系数2024年已经降到29.8%，但与发达国家大多小于19%的水平相比还有较大下降空间，释放出来的消费能力将由文教康乐等服务消费填补。当前，我国服务消费增长势头很好，2024年全国居民人均服务性消费支出占居民消费支出的比重为46.1%，接近消费的"半壁江山"，是消费恢复增长的重要支撑。服务性消费占比随着收入增长而提高是普遍规律，发达国家的这一比例一般在60%左右，这表明未来我国扩大服务性消费的空间还很大。与此同时，我国商品消费的升级趋势也非常明显。例如，这两年限额以上单位体育娱乐用品类零售额增长速度快于社会消费品零售总额增长速度。未来一个时期，我国汽车消费仍有扩大空间，将转入置换升级与普及并重阶段。家电消费也进入更新替换期，在居民消费结构升级和消费品以旧换新政策拉动下，2024年限额以上

---

① 《习近平在经济社会领域专家座谈会上的讲话》，《人民日报》2020年8月25日。

单位家用电器和音像器材类商品零售额比2023年增长12.3%，未来一个时期家电消费朝着低碳、绿色、智能方向升级是大趋势。

从社会结构变化中寻找消费潜能。2023年，我国最终消费率为56.8%，与一些发达经济体在相似发展阶段约65%的水平仍有差距，未来发展还有潜能。我国拥有世界上规模最大的中等收入群体，随着经济社会发展，预计到2035年中等收入群体规模将达到7亿人。中等收入群体构成了我国中高端商品和服务的消费主体，质量更优、性能更佳、内容更丰富的消费需求将更快增长。

从城乡区域消费梯次升级中释放消费潜能。近年来，我国农村消费品零售总额增速快于城市1~3个百分点，虽然新冠疫情冲击后的部分月份有所改变，但总的趋势没变，2024年农村消费品零售总额增速比城镇快0.9个百分点。同时，中部地区和西部地区的社会消费品零售总额增速大多快于东部地区且一些年份增速差距拉大，二线、三线城市消费增速逐渐快于北上广深等一线城市。随着城乡区域协调发展水平进一步提升，消费梯次升级蕴藏着新空间新潜能。

从新技术新业态新模式新场景中挖掘消费潜能。供给能够创造自身的需求。近年来，科技产品、数字技术不断催生新的消费热点，虚拟现实/增强现实（VR/AR）装备、智能电视、智能手表、智能冰箱、智能空调、家用机器人等商品激发新的消费需求。根据有关测算，我国智能家居市场规模已从2016年的2608.5亿元增长到2024年的超7800亿元，年均保持两位数增长。网络销售、即时零售等消费新业态不断发力，消费体验新场景新模式不断涌现，电子商务、直播经济、在线文娱蓬勃发展，智能化沉浸式服务体验可感可及。这些都将激发新的消费需求。

从消费理念变化中挖掘消费潜能。近年来，我国居民消费理念正在悄然变化。绿色产品广受欢迎，2024年我国新能源汽车销量较2023年增长35.5%，占全部汽车销售量比重达40.9%，较2023年提高9.3个百分点；国货"潮品"热点不断，汉服、各个领域的老字号备受青睐，据京东《2024国货消费观察》，近一年在京东上搜索热度TOP100品牌中"国品"占比持续超过70%，"90后""00后"年轻消费者国货消费金额占比超过60%；健康消费正成为一种新趋势，预防式健康产品、卫生防护用品、家用运动健身器材等各类健康消费市场火爆。中国消费者协会发布的《健康产业消费趋势发展报告》显示，2024年我国大健康产业总收入规模达到9万亿元。随着居民消费理念的变化，绿色产品、国潮国货、健康消费等增长空间巨大。

扩大有效益的投资，空间广阔。投资从短期看是需求，从长期看是资本积累。当前，我国劳均资本存量仅为世界平均水平的约2/3，制约了劳动生产率进一步提升。发达国家高水平的劳均资本是多年不断投资积累形成的，我国要达到发达国家的水平，仍然需要不断扩大有效投资、不断积累资本。当前我国经济正处于转变发展方式、优化经济结构、转换增长动力的攻关期，夯实经济社会发展基础支撑，推动产业结构转型升级、城乡区域协调发展和绿色低碳发展等，都蕴含着广阔投资空间。

基础设施和民生领域补短板蕴含投资潜力。在基础设施领域，许多建成于二十世纪八九十年代的交通、市政等基础设施正进入老化期，其中路龄超过15年设计年限的二级及以上高等级公路占比超过50%，与高质量发展要求还有差距；在民生领域，2020年我国每千人口病床数只有高收入国家的约40%，每千名65岁以上老年人拥有的养老床位数只有德国的约60%、美国的约80%，距离人民美好生活需要尚存差距。传统基础设施和民生领域补短板，都蕴含投资潜力。

产业转型升级蕴含投资空间。产业是生产力发展的重要载体。2024年，我国高技术制造业增加值占规模以上工业企业增加值比重已经提高到16.3%，但与其他制造业大国相比仍有5个百分点左右的差距，高技术产业投资空间大。发达国家在完成工业化前后，技改投资占工业投资比重达到50%~60%，而我国刚过40%，传统产业转型升级对设备更新、工艺换新、数智化转型等技改投资需求很大。

城乡区域协调发展蕴含投资需求。2024年，我国常住人口城镇化率达到67%，高于户籍人口城镇化率。统筹推进新型城镇化和乡村全面振兴，促进城乡融合发展，年均增加1000万农业转移人口实现市民化，将带动城镇基础设施、公共服务等领域的投资。持续巩固拓展脱贫攻坚成果、推动乡村全面振兴等也将带来农村投资提质扩容。同时，我国中西部地区还处于工业化城镇化快速推进阶段，未来一个时期固定资产投资增速高于其他地区是大趋势。推动区域重大战略联动融合、深入推进国家战略腹地建设等也将带动"两重"投资（指国家重点战略实施和重点领域安全能力建设方面的投资）扩大。

绿色低碳发展蕴含投资潜能。绿色发展是高质量发展的底色，实现碳达峰碳中和，需要加快推进电力低碳化清洁化、交通电动化绿色化、建筑低碳化零碳化转型以及工业提能效、降排放改造。据测算，实现碳达峰碳中和所需投资占GDP比重超过2%，这将形成巨量投资需求，是未来一个时期投资发力的重点领域。

需要看到，我们扩大投资是要扩大有效益的投资，短期看能够满足或创造即期最终消费需求，长期看则能够促进经济发展，为消费持续扩大注入源头驱动力。首先，我国居民消费已由生存型向发展型转变。通过投资发力改善供给体系质量，可以更好满足人民群众日益升级的多层次、高品质、多样化消费需求。其次，我国城乡区域之间发展还不平衡，改变这一格局需要投资加力补短板。改善生产生活条件，推进新型城镇化、乡村全面振兴和区域协调发展，也可以激发更多的消费需求。最后，随着新一轮科技革命和产业变革深入演进，以科技创新推动产业创新，大力发展新质生产力，需要投资加力；而新质生产力的发展可以推动经济长期稳定可持续发展，为持续激发消费需求、实现投资消费在更高水平上相互促进、良性互动创造条件。

牢牢把握全方位扩大国内需求的实施重点

习近平总书记在《论把握新发展阶段，贯彻新发展理念，构建新发展格局》中指出，扩大内需"是要根据我国经济发展实际情况，建立起扩大内需的有效制度，释放内需潜力，加快培育完整内需体系，加强需求侧管理，扩大居民消费，提升消费层次，使建设超大规模的国内市场成为一个可持续的历史过程"[①]。坚定实施扩大内需战略，全方位扩大国内需求，建设超大规模的国内市场，需要创新政策手段方式、把握政策力度和节奏，积极寻求投资

---

① 习近平：《把握新发展阶段，贯彻新发展理念，构建新发展格局》，《求是》2021年第9期。

与消费的结合点，加快激发有潜能的消费、扩大有效益的投资，全方位畅通内需链条，加快培育完整内需体系。

长短结合激发有潜能的消费。贯彻落实《提振消费专项行动方案》，短期强化政策牵引带动作用，长期通过稳就业稳收入稳预期，使居民有稳定收入能消费、没有后顾之忧敢消费、消费环境优获得感强愿消费，全面激发城乡居民消费潜能。一是加大促消费政策力度。针对目前我国消费市场运行存在的堵点卡点，加力扩围实施消费品以旧换新政策，鼓励有条件的地方"能换则换""应换尽换"，提振新能源汽车、电子产品、家电等大宗消费；新增中央财政支出要更多向托育托幼、教育、文体、医疗、养老等民生领域倾斜，健全民生服务财政保障机制，在改善居民消费预期的同时激发更多提升居民生活品质的消费；围绕优化消费环境采取一些标志性举措，加快优化消费基础设施，以点带面在全社会形成放心消费环境。二是创新多元化消费场景。针对中高端商品和服务供给不足这一影响消费持续扩大的主要问题，要适应居民消费结构变化，创新多元化消费场景和环境，增强供需适配性。放开准入、创新机制，支持各类经营主体为城乡居民提供品种多样、品质优良、品位高雅的服务；适应消费升级趋势，积极培育壮大智能家居、文娱旅游、体育赛事、国货"潮品"等新型消费，积极发展首发经济、冰雪经济、银发经济，打造消费增长"第二曲线"；充分发挥新技术新业态新模式新场景对新型消费的引领作用；深入推动城乡区域协调发展，充分释放三线、四线城市和县域、乡村等的消费潜力。三是稳就业促增收。就业不稳和增收压力大是影响居民消费能力和消费预期的重要因素。为此，要不断提高经济发展的就业带动能力，健全高质量充分就业促进机制，促进重点群体就业，完善劳动者工资正常增长机制，促进工资性收入合理增长；提升社会保障水平，适当提高退休人员基本养老金，提高城乡居民基础养老金，提高城乡居民医保财政补助标准，改善居民消费预期；规范财富积累机制，稳步扩大中等收入群体规模，培育支撑消费的中坚力量。同时，持续用力推动房地产市场止跌回稳，依法严厉打击资本市场财务造假和上市公司股东违规减持等行为，更为有效持久地提振资本市场，发挥财富效应对消费的支撑作用。

软硬结合扩大有效益的投资。坚持项目建设和配套改革相结合，既注重资金投入，也注重投资环境建设，加快健全投资长效机制，调动各类经营主体投资积极性，使经营主体有充足投资空间"能投资"、有稳定预期信心"敢投资"、有投资能力和投资效益"愿投资"，着力扩大有效益的投资。着力扩大投资空间，围绕重点产品、重点行业，加大传统制造业转型升级和新兴产业领域投资；聚焦薄弱环节、薄弱区域，加快补上交通、能源、水利、生态环保等基础设施短板，加强教育、医疗、养老等社会民生领域对人的投资，更大力度支持"两重"项目，加大保障性住房建设、城市更新等领域的投入，增加乡村、中西部地区改善生产生活条件的投资；瞄准新赛道、新领域，加大科技创新、产业升级、绿色转型等领域投资，加大数字化转型、网络化协同、智能化变革、产业链高质量发展等投资，大力发展新质生产力，为长期可持续发展提供基础条件。当前，经营主体投资预期较弱、部分企业生产经营困难，投资能力不足、投资意愿较低，是制约有效益投资扩大的一个重要原因。为此，要充分发挥有为政府作用，适度增加中央预算内投资，加强财政与金融的配合，以政府投资有效带动社会投资；强化民间投资主体作用，落实民营经济促进法有关要求，扎实开展规范涉企执法专项行动，稳定民营企业政策预期和发展信心，有效激发民间投资活力；发挥我国超大规模市场优势，加大重点领域制度型开放力度，稳住并有效吸引外商投资。持续实施企业降本增效行动，优化投资审批流程，有效治理招商引资中的乱象，打造市场化、法治化、国际化一流营商环境。

政策协同发力是全方位扩大国内需求的重要保障。必须加强政策系统集成、协同配合，为全方位扩大国内需求营造宽松政策环境。实施更加积极的财政政策，统筹安排各类财政资金，将支出向民生领域倾斜，持续支持"两重"项目和"两新"政策实施，带动相关领域投资并促进消费增长，确保财政政策持续用力、更加给力；实施适度宽松的货币政策，保持流动性充裕，降低企业融资成本，更好激发企业投资活力，稳定市场预期，为消费和投资营造良好金融环境；加强财政、货币、就业、产业、区域、贸易、环保、监管等政策和改革开放举措的协调配合，完善部门间有效沟通、协商反馈机制，把经济政策和非经济性政策统一纳入宏观政策取向一致性评估，为全方位扩大国内需求提供更强政策合力。

充分发挥我国超大规模市场优势和内需潜力*

2020年，新冠疫情正在全球蔓延，不仅对我国经济运行造成了较大冲击，也对全球生产和需求造成冲击。面对前所未有的挑战，中国经济经受住了考验，重点项目复工率、制造业采购经理指数等均强劲回升。冲击和挑战没有改变我国经济长期向好、稳中向好的基本趋势，其坚实基础就来自我国超大规模的市场优势和内需潜力。当前，在党中央坚强领导和各方面大力支持下，全国疫情防控阻击战取得重大战略成果。在疫情防控常态化条件下加快恢复生产生活秩序，统筹推进疫情防控和经济社会发展工作，有效应对外部环境变化，更需要充分发挥我国超大规模市场优势，有效挖掘和激发强大内需潜力。

科学认识我国超大规模市场优势和巨大内需潜力

我国超大规模市场优势和巨大内需潜力是长期积累培育、从量变到质变的结果。从新中国成立到改革开放前夕，我国建立起了较为完整的工业体系，初步搭建了超大规模经济体的构架。改革开放以来，我国通过改革释放内生动力，不断发展壮大自己。党的十八大以来，我国持续保持经济健康稳定增长，在成为世界第二大经济体的同时，加快结构调整步伐，着力提高经济发展的质量和效益，超大规模的市场优势和内需潜力逐步形成和显现出来。

---

* 作者孙学工、王蕴，本文原载于《经济日报》2020年5月14日。

一是需求结构不断优化，内需驱动特征更为显著。2008年以来，我国需求结构渐趋优化，内需对经济增长的支撑作用更加凸显，投资、消费和净出口拉动经济增长的协同性明显增强。在内需结构上，近年来我国消费对经济增长的拉动作用持续增强，成为经济增长的第一驱动力。上述变化使我国国内市场不断扩大，经济增长的平稳性、可控性显著提高，有效增强了抵御外部冲击的能力。

二是消费升级步伐加快，消费需求规模持续扩大。2019年我国人均GDP已达10276美元，社会消费品零售总额已经突破41万亿元，居民消费结构加快向发展型、享受型和品质型消费升级，服务化、品质化和多样化消费需求增长速度明显加快。眼下，我国已成为全球第二大消费市场，汽车、家用电器等家庭耐用消费品销售量已居世界首位，但人均拥有量与发达国家相比还有差距，相关消费仍有巨大增长空间。进一步看，中等收入群体规模大且增长潜力大，对中高端商品和服务的消费需求增长快，也是我们需要关注的重要方面。我国拥有世界上规模最大的中等收入群体，庞大的中等收入群体构成了我国中高端商品和服务的主要消费主体，对质量更优、性能更佳和内容更丰富的消费需求增长更快，推动商品与服务消费扩容提质、服务消费比重提高，为持续发挥超大规模的市场优势提供坚实基础。

三是投资结构不断优化，新领域投资增长空间大。随着我国经济转向高质量发展阶段，投资结构优化和投资质量提升步伐加快。补短板、促转型领域的投资增速明显加快，成为支撑投资整体平稳较快增长的基础。2019年，我国道路运输业投资增长9%，生态保护和环境治理业投资增长37.2%，信息传输业投资增长17.4%，高技术产业投资增长17.3%；社会领域投资持续保持两位数增长。我国投资需求仍有较大增长空间。例如，人均基础设施存量水平相当于发达国家的20%~30%，在民生领域、区域发展方面，还有大量基础设施投资需求；同时新的投资机会层出不穷，新投资领域不断涌现，以5G技术、人工智能、数据中心等为代表的新型基础设施建设将进入快速增长阶段；围绕都市圈、城市群的基础设施建设、提高城市品质的基础设施建设正步入快车道；随着制造业技术改造和设备更新加快推进，关键技术、高端装备和核心零部件、元器件等领域的投资力度将不断加大。

四是新业态、新模式快速发展,进一步促进内需潜力释放。在消费端,近年来随着新消费模式的兴起和传统消费模式的转型,消费者的消费成本更低、消费模式更加便利。网上消费的快速发展,使得消费活动面对的时间和空间限制极大减弱,"指尖消费"随时随地可以发生。特别是疫情期间,外出聚集式消费活动受到了很大限制,在线消费在满足居民基本消费需求、保障基本生活方面发挥了重要作用,消费者的在线消费习惯也在加快形成。近年来我国一直是全球第一大网络零售市场,网络零售额在社会消费品零售总额中所占比重逐年上升。此外,线上线下消费的融合发展实现了线上便捷和线下良好体验的优势整合,更好满足了消费者全方位的消费需求。同时,对消费信息的及时响应使得供给创新效率更高、更有针对性,为消费潜力的释放创造了良好条件。在企业端,随着大数据、云平台、人工智能、工业物联网的快速发展与广泛应用,数字经济、共享经济、3D打印、无人工厂等新生产模式不断涌现,拓展了基础设施和产业投资的空间,不仅释放了过去无法实现的潜在需求,还催生了很多新的需求,构成了经济发展的新动能。新动能在我国经济发展中的作用越来越突出,2015年以来我国经济发展新动能指数每年以超过20%的速度提升,明显高于同期GDP的增速。

五是综合成本优势突出,供需协同性强。作为超大规模经济体,我国的规模经济优势比较突出。我国幅员辽阔、人口众多,拥有大规模要素供给、大规模市场容量,使大规模布局生产能力成为可能,并且随着国内统一市场建设、完善营商环境取得积极进展,规模经济优势更加巩固。近年来,我国一般劳动力成本确有上升,但在中高端人才成本上仍有优势,每年普通高校毕业生人数超过700万人,供给充分。同时,我国拥有完整的工业体系,是世界上唯一拥有联合国产业分类中全部工业门类的国家,拥有41个工业大类、207个工业中类、666个工业小类,这为我国供给体系有效响应需求变化奠定了坚实基础,从而能够形成供需协同推进的局面,进一步扩大了市场边界。

多措并举充分挖掘和激发内需潜力

新冠疫情不可避免对我国经济社会造成较大冲击,特别是在全球疫情快速扩散蔓延而导致我国发展外部环境更为复杂的情况下，要有效对冲疫情影响，防止疫情短期冲击演化为长期趋势，更要充分发挥我国超大规模市场优势，多措并举充分挖掘和激发内需潜力，保持经济稳定运行。

一是要以供给侧结构性改革为主线畅通国民经济循环。近期要根据形势变化，在做好常态化疫情防控工作的同时，加快恢复生产生活正常秩序，畅通物流人流，加快恢复生产—流通—消费的社会大生产循环。在促进经济恢复常态的同时，要继续坚持以供给侧结构性改革为主线，畅通国民经济循环，使内需潜力得以充分释放。要按照《关于构建更加完善的要素市场化配置体制机制的意见》的部署，大力推动土地、劳动力、资本、技术和数据要素的自由有序流动，清理废除妨碍统一市场和公平竞争的各种规则和做法，释放生产要素潜能；积极扩大开放，进一步推动贸易投资自由化，保持和巩固我国在全球产业链中的重要地位；推动现代化经济体系建设，提高供给体系质量，实现供给与需求、经济增长和就业扩大、金融和实体经济之间的良性循环。

二是着力提振消费回补意愿和信心。从中央到地方进行了一系列政策创新，迅速推出了一批促进内需潜力释放的举措。2020年2月28日国家发展改革委等23个部门联合印发《关于促进消费扩容提质加快形成强大国内市场的实施意见》，强调要加快完善促进消费体制机制，进一步改善消费环境，发挥消费基础性作用，助力形成强大国内市场，并提出了19条措施。南京、济南、宁波等地推出了不同形式的消费券，还有一些地方提出试行周末2.5天弹性作息，引导职工周末外出休闲度假等。要积极对冲疫情影响，必须着力提振消费回补的意愿和信心，通过及时公开发布疫情防控信息、科学调整防控措施，鼓励各地多措并举，谋划线上线下促消费活动，积极引导消费者安全、放心和便利消费。

三是积极培育和拓展消费新增长点。适应当前消费绿色化、智能化发展的大趋势，积极推动相关消费扩容提质。加快推进智能汽车、虚拟现实、可穿戴设备等新型信息产品的发展，促进基于5G技术的信息服务消费发展，鼓励绿色节能产品的生产和消费。促进包容审慎监管与开放准入有效结合，对在线医疗、在线教育、在线娱乐和线上线下融合的生活性服务业的发展提供更加宽松的环境,从而更好满足快速增长的服务消费需求。

四是进一步提高投资的精准性和投资效率。进一步优化投资结构,加快补上重大公共卫生服务等领域的短板。加快5G网络、数据中心等新型基础设施建设进度,促进数字经济、智能经济和绿色经济发展。瞄准不断提高居民生活品质和城市品质,加大有效投资。大力度推进城镇老旧小区改造,可考虑适当提高对加装电梯等适老化改造的补贴,增加地方专项债的支持。加快推进城市地下管廊建设,增加公共卫生、医疗照护、社区服务等方面的投资,提高城市宜居水平。着眼城市群、都市圈发展,加大城市交通基础设施建设力度,加快补齐农村生产和消费基础设施短板。

五是加快推进收入分配体制改革。既要畅通低收入群体向上流动渠道,稳步扩大中等收入群体,还要努力缩小居民收入差距,促进居民实际收入持续较快增长。要健全劳动等生产要素按贡献参与分配的机制,对知识、技术、管理、数据等生产要素的贡献给予准确回报,加快健全面向知识型、技能型和创新型劳动者的收入激励机制。

坚持扩大内需这个战略基点*

近年来,我国发展环境和条件都发生了深刻变化,消费对于扩大国内市场需求、推动经济社会发展的基础性作用日益凸显。习近平总书记指出,要建立起扩大内需的有效制度,释放内需潜力,加快培育完整内需体系,加强需求侧管理,扩大居民消费,提升消费层次,使建设超大规模的国内市场成为一个可持续的历史过程①。习近平总书记关于扩大内需的重要论述是习近平经济思想的重要组成部分,深刻阐释了新的历史条件下扩大内需的丰富内涵、核心要义和鲜明特色,强调增强国内消费对经济发展的基础性作用,为更好实施扩大内需战略指明了正确方向。

消费对经济发展具有基础性作用

消费是最终需求,是生产的最终目的和动力,对经济具有持久拉动力,是人民对美好生活需要的直接体现,事关保障和改善民生。

消费是推动经济高质量发展的持久动力。我国经济发展正在从以往过于依赖投资和出口拉动向更多依靠国内需求特别是消费需求拉动转变。内需特别是消费需求成为拉动我国经济增长的主要引擎,是国民经济平稳运行的"稳定器"和"压舱石"。习近平总书记指出,"要实施扩大内需战略,推动经济发展方式加快转变"②"充分发挥我国超大规模市场优势和内需潜力"③。

---

* 作者吴萨、李清彬、杜秦川,本文原载于《经济日报》2022年10月28日。

① 《习近平在省部级主要领导干部学习贯彻党的十九届五中全会精神专题研讨班开班式上发表重要讲话》,新华网,2021年1月11日。

② 《中共中央政治局召开会议 讨论政府工作报告 中共中央总书记习近平主持会议》,新华社,2020年5月15日。

③ 《中共中央政治局常务委员会召开会议 习近平主持》,新华社,2020年5月14日。

潜力巨大的国内需求将成为我国经济高质量发展的强大动力，要扩大内需特别是扩大消费需求，形成需求牵引供给、供给创造需求的更高水平动态平衡，提升国民经济体系整体效能。

消费是畅通国内大循环的关键环节和重要引擎。百年未有之大变局与新冠疫情交织叠加，国际环境日趋复杂，不稳定性不确定性因素明显增加，世界进入新的动荡变革期，市场和资源两头在外的国际大循环动能明显减弱。根据新发展阶段新形势、新任务和新要求，以习近平同志为核心的党中央作出了推动形成以国内大循环为主体、国内国际双循环相互促进的新发展格局的重大决策。习近平总书记指出，"形成强大国内市场是构建新发展格局的重要支撑，也是大国经济优势所在"[1]"要把满足国内需求作为发展的出发点和落脚点，加快构建完整的内需体系"[2]。促消费、扩内需是畅通国民经济循环的重要支撑，必须高度重视其重要作用，把消费对经济循环的牵引带动作用充分发挥出来。

消费是满足人民对美好生活需要的重要内容。中国特色社会主义进入新时代，我国社会主要矛盾已经转化为人民日益增长的美好生活需要和不平衡不充分的发展之间的矛盾，人民群众期盼拥有更高品质、更加安全、更为便捷的消费体验。习近平总书记指出，"要努力满足最终需求，提升产品质量""增强消费能力，让老百姓吃得放心、穿得称心、用得舒心"[3]。新时代促进消费，要坚持以人民为中心的发展思想，不断满足人民群众对美好生活的需要，不断提供更新、更好的商品和服务，满足人民群众多样化、个性化、不断升级的需求，不断开辟新的消费领域和消费方式，改善、丰富人民生活。

扩内需促消费取得新进展

党的十八大以来，我国消费规模稳步扩大，消费结构持续升级，消费模式不断创新，对经济循环的牵引带动作用显著增强，为构建新发展格局、推

---

[1] 《中央经济工作会议在北京举行》，人民网，2020年12月19日。
[2] 《习近平看望参加政协会议的经济界委员》，新华网，2020年5月23日。
[3] 《中央经济工作会议在北京举行 习近平李克强作重要讲话》，人民网，2018年12月22日。

动高质量发展、创造高品质生活提供了有力支撑。

消费规模稳步扩大。我国已经成为全球第二大商品消费市场，超大规模市场优势更加明显。2021年我国社会消费品零售总额达44.1万亿元，比2012年增长1.1倍，年均增长8.8%。全国居民人均消费支出由2013年的13220.4元提高到2021年的24100元，增长了82.3%。

消费结构持续升级。随着居民收入水平的持续提高以及消费观念的转变，我国居民消费正由生存型向发展型、享受型转变，居民消费从注重量的满足向追求质的提升、从以商品消费为主向商品和服务消费并重转变，个性化、多样化消费渐成主流，人民生活品质明显提升。2021年人均服务性消费占居民消费比重为44.2%，比2013年提升4.5个百分点，每千人汽车保有量达214辆，比2012年增长1.4倍。

新型消费蓬勃发展。网络零售、跨境电商、移动支付等新业态新模式新场景不断涌现，传统商业企业加快数字化、智能化改造，线上线下消费加快融合。2021年全国网上零售额13.1万亿元，比2012年增长9倍；新能源汽车销量达到352万辆，每卖出8辆新车就有1辆是新能源汽车，保有量达到784万辆，占全球的一半左右；5G手机出货量达2.66亿部，占手机出货总量的76%。

消费对经济增长的拉动作用不断增强。消费成为经济增长的第一拉动力已有多年，我国最终消费支出由2012年的27.5万亿元提升到2020年的56.1万亿元，最终消费支出占GDP的比重由51.1%提升到54.7%。2021年最终消费支出对经济增长的贡献率达到65.4%，比2012年提升10个百分点。

挖掘释放消费巨大潜力

近年来，我国在促进消费扩容提质方面取得显著成绩，但也要认识到，受居民收入水平、社会保障水平、消费供给、消费观念、消费环境等多方面因素制约，我国消费潜力仍未得到充分释放。为此，要进一步完善促进消费体制机制，健全消费政策体系，营造良好消费环境，不断提升居民消费能力和意愿，更好发挥消费对经济发展的基础性作用。

把扩大消费同改善人民生活品质结合起来。坚持以人民为中心的发展思想，以促消费为切入点，以满足人民美好生活需要为根本出发点和落脚点。紧紧围绕不同收入群体、不同层次的实际需要，丰富市场供给，增强人民群众获得感。加大社区养老、托幼等配套设施建设力度，在规划、用地、用房等方面给予更多支持，促进家政服务业提质扩容。充分发挥我国数字技术优势，支持数字平台赋能传统消费，推动线上线下消费深度融合。持续完善社区消费基础设施建设，加强县域商业体系建设，发展农村电商和快递物流配送，不断提升消费可获得性和便利性。

把扩大消费同深化供给侧结构性改革结合起来。我国中高端、多样化、多层次的商品服务供给体系尚未完全形成，这是制约消费规模不断扩大、消费结构持续优化的主要问题。要加快培育完整内需体系，坚持以供给侧结构性改革为主线，提升供给体系对国内需求的适配性，打通经济循环堵点，加强产业链、供应链的完整性，不断提升中高端产品和服务供给能力。扩大优质商品进口，增加国内优质消费供给，引导消费回流。大力发展消费新业态新模式，满足个性化、多元化、差异化的消费需求。进一步优化消费环境，加强消费信用体系和质量标准体系建设，完善多元化消费维权机制和纠纷解决机制，让人民群众放心消费。

把扩大消费同扎实推进共同富裕结合起来。扩大消费最根本的是促进就业，完善社保，优化收入分配结构，扩大中等收入群体，扎实推进共同富裕。要多渠道促进居民增收，保持居民收入增长与经济增长基本同步，不断提升居民消费能力。持续深入推进收入分配制度改革，加快缩小地区差距、城乡差距和收入差距，提高居民边际消费倾向。健全社会保障体系，增强社会保障制度对经济社会发展的适应性，深入推进基本公共服务均等化，提升住房、教育、医疗、养老、托幼等公共服务水平，解决居民消费的后顾之忧。

在法治轨道上推动民营经济
持续健康高质量发展[*]

2025年5月20日，备受关注的《中华人民共和国民营经济促进法》（以下简称《民营经济促进法》）正式施行。作为我国第一部专门关于民营经济发展的基础性法律，《民营经济促进法》将改革开放特别是党的十八大以来党中央、国务院关于民营经济发展的方针政策和实践中的有效做法确定为法律制度，传递出用法治力量保障民营经济发展壮大的强烈信号，也标志着党和国家对民营经济发展的规律性认识达到了新高度。这不仅在我国民营经济发展史上具有里程碑意义，也是加快构建高水平社会主义市场经济体制的标志性事件，必将对加快实现高质量发展、更好推进中国式现代化产生深远影响。

一、中国民营经济发展史上具有里程碑意义的大事

改革开放40多年来，民营经济从小到大、由弱变强，在稳定增长、促进创新、增加就业、改善民生等方面发挥了重要作用，成为推动经济社会发展的重要力量。党的十八大以来，党中央持续加强顶层设计，总结实践经验，强化政策引导，陆续出台了一系列重要文件，为民营经济发展壮大提供了长期性、稳定性、系统性的制度框架，民营经济发展呈现出强劲势头和勃勃生机。中国500强企业中民营企业占据300多个席位，世界500强企业中我国民营企业数量增加到34家，国家高新技术企业、"四新"（新技术、新产业、新业态、新模式）经济、数字经济核心产业中民营企业占比均超过90%，民

---

[*] 作者郭春丽，本文原载于《求是》2025年第12期。

营经济成为推动我国全面建成社会主义现代化强国、实现中华民族伟大复兴的重要力量。

在新的历史条件下,制定一部聚焦民营经济的法律,将实践中行之有效的制度举措上升为法律规范,总结实践经验,巩固改革成果,补齐短板弱项,更好发挥法治固根本、稳预期、利长远的保障作用,对民营经济发展壮大具有重大而深远的意义。按照党的二十届三中全会关于制定《民营经济促进法》的部署,根据习近平总书记关于促进民营经济发展的重要论述精神特别是在民营企业座谈会上的重要讲话精神,经过深入开展研究论证,广泛征求各界意见,数易其稿并履行相应的立法程序,《民营经济促进法》这部汇聚民营经济发展历史经验、对新时代民营经济发展壮大具有里程碑意义的专门法律得以问世。

《民营经济促进法》的制定和施行,充分彰显了以习近平同志为核心的党中央对民营经济的高度重视和对民营经济人士的深切关怀,充分体现了党中央一以贯之坚持"两个毫不动摇"的坚定决心和以法治力量保障民营企业向新而行、向高攀登的深远考虑。《民营经济促进法》明确规定民营经济的法律地位,首次将坚持"两个毫不动摇"、促进"两个健康"写入法律,首次在法律中明确"促进民营经济持续、健康、高质量发展,是国家长期坚持的重大方针政策"。立法坚持平等对待、公平竞争、同等保护、共同发展的原则,从公平竞争、投资融资促进、科技创新、规范经营、服务保障、权益保护等方面,将我们党对民营企业使用资本、技术、知识等生产要素要加力支持的要求机制化,将促进民营企业平等准入、强化公平竞争的要求制度化,将长期以来对产权保护无差异性、长期性和一致性的要求法条化,并对侵害民营企业和民营企业家合法权益的各类行为都明确规定了法律责任,真正从法律上把对国企民企平等对待的要求落实下来。《民营经济促进法》有力回应了社会关切和市场期待,实现了对民营经济从政治承诺、政策支持到法律保障的重大跨越,给民营企业放心投资、专心经营、安心发展吃下了"定心丸"。

社会主义市场经济本质上是法治经济。民营经济是社会主义市场经济的重要组成部分,《民营经济促进法》的出台是社会主义市场经济体制不断完善的重要标志。近年来,民营经济发展遇到了一些困难和挑战,仅靠政策调整难以从根本上解决,通过科学立法、民主立法、依法立法,以良法促进民营经济发展壮大,成为新时代完善高水平社会主义市场经济体制的重要内容。

例如,公平竞争是市场经济的核心原则。《民营经济促进法》开宗明义将保证各类经济组织公平参与市场竞争作为立法目的,并贯穿于该法的各项规则中。该法围绕破除公平竞争的制度障碍,从市场准入、要素配置、融资支持、监管服务等环节,指明了市场制度创新的方向和路径,并对落实市场准入负面清单制度、公平竞争审查制度和全国统一市场建设作出了更为明确的规定,为构建高水平社会主义市场经济体制提供了法律支撑。

又如,构建高水平社会主义市场经济体制还要求健全宏观经济治理体系。《民营经济促进法》明确指出,国务院和县级以上地方人民政府将促进民营经济发展工作纳入国民经济和社会发展规划,建立促进民营经济发展工作协调机制,制定完善政策措施。明确规定了货币政策工具和宏观信贷以及投资、产业、科技、就业等领域促进民营经济发展的相关政策,以法律形式将促进民营经济发展深度嵌入包括国家发展规划、重大战略以及财政、货币、产业、投资等各项政策在内的宏观经济治理体系,在法律上明确了国务院发展改革部门负责统筹协调、国务院其他部门和县级以上地方人民政府有关部门各司其职的民营经济发展促进机制,为将民营经济发展工作纳入国家治理体系提供了法律遵循。

二、推动民营经济发展壮大的制度体系和法治框架基本形成

改革开放40多年来,民营经济已成为我国社会主义市场经济的重要组成部分,成为推进中国式现代化的生力军。我国民营经济的发展壮大,蕴含着极为丰富的制度创新和发展经验。

民营经济的蓬勃发展,离不开党和国家方针政策一以贯之的支持引导,离不开党和国家对民营经济地位认定、促进方式和支持手段的不断深化、优化和创新。从党的十二大提出个体经济"作为公有制经济的必要的、有益的补充",到党的十五大明确提出"非公有制经济是社会主义市场经济的重要组成部分",再到党的十六大提出"两个毫不动摇",我们党对民营经济的地位、作用以及与公有制经济关系的认识不断深化。党的十八大以来,习近平

总书记鲜明提出"民营经济是我国经济制度的内在要素","民营企业和民营企业家是我们自己人"[1]等重大论断,并多次强调"三个没有变"[2]"两个健康"[3],进一步深化了对发展民营经济的规律性认识。随着民营经济从"必要补充"转变为"内在要素",支持民营经济的政策体系和促进方式也从积极鼓励调整为强化制度保障。从2005年颁布促进非公有制经济发展的"36条"意见,到2010年颁布关于鼓励和引导民间投资健康发展的"新36条"意见,再到2019年颁布关于营造更好发展环境支持民营企业发展的"28条"意见,特别是2023年出台的促进民营经济发展壮大的"31条"意见及配套措施,逐步形成了体现权利平等、机会平等、规则平等,涵盖市场准入、要素使用、科技创新、公平竞争、权益保护等关涉民营经济发展关键环节的一整套政策措施。

在党中央的坚强领导和全力支持下,各地积极围绕引导民营经济健康发展进行改革试点和制度创新,在一次次市场化改革和持续推进制度创新过程中,不同地区探索形成了很多行之有效、具有广泛示范效应的经验做法。改革开放之初,为了摆脱经济发展滞后、社会面貌落后、人民生活贫穷的困境,地处福建东南沿海的晋江积极发展股份合作制与民营经济,通过处理好有形通道和无形通道的关系、发展中小企业和大企业之间的关系、发展高新技术产业和传统产业的关系、工业化和城市化的关系、发展市场经济和建设新型服务型政府之间的关系,形成了以市场调节为主、外向型企业为主、股份合作制为主、多种经济成分共同发展的"晋江经验"。同时期的苏南、温州、珠江等地的发展实践也各有特色,反映出改革开放初期,各地通过政府引导或民间自发,不断突破传统经济体制束缚,持续优化市场运行机制,激活市场经济活力,促进民营经济发展的积极实践探索。20世纪90年代以来,民营企业"走出去"的步伐逐步加快,形成了以"地瓜经济"为代表的国际化发展模式,开拓了"抱团出海""产品出海""产能出海"等国际化新路径。

---

[1] 习近平:《支持民营企业发展并走向更加广阔舞台》,新华社,2018年11月1日。
[2] 《总书记两会新语》,人民网,2016年3月16日。
[3] 习近平:《坚持和落实"两个毫不动摇"》,《求是》2025年第6期。

党的十八大以来,各地区积极引导和鼓励民营企业加快向人工智能等战略性新兴产业领域进军,创造出政策引导与市场主导相结合、梯度培育与精准扶持相协同、平台赋能与生态构建相配套的新模式新经验,孕育了"杭州六小龙"等引领全球新一轮科技革命和产业变革的新一批民营企业。

经过40多年的理论和实践探索,我国支持民营经济发展壮大的法治框架逐步确立起来。1982年宪法首次承认个体经济是社会主义公有制经济的补充;1988年宪法修正案承认私营经济的法律地位并规定其为公有制经济的补充;1999年宪法修正案将个体经济、私营经济确认为社会主义市场经济的重要组成部分;2004年宪法修正案首次提出公民的合法私有财产不受侵犯,并明确保护非公有制经济的合法权益;2025年《民营经济促进法》把党和国家关于民营经济发展的基本方针政策和实践中的一些有效做法用法律形式确立下来,将支持和保障民营经济发展的法律纳入中国特色社会主义法律体系,并为完善社会主义市场经济体制提供法治保障。法律是治国之重器,良法是善治之前提。构建高水平社会主义市场经济体制,需要有效市场和有为政府有机结合,有效市场需要高质量经营主体、高标准市场体系、高效率市场经济基础制度支撑,有为政府则要求政府善治善为。制定《民营经济促进法》,用法治保障民营经济发展环境持续优化和民营经济发展壮大,既有利于打造更多的高质量经营主体、推动建设高标准市场体系、加快完善市场准入等市场经济基础制度,也有利于提高政府治理水平,加快构建高水平社会主义市场经济体制。

三、在法治轨道上推动民营经济扬帆远航

当前,世界百年变局加速演进,我国正处于实现中华民族伟大复兴的关键时期。民营经济发展在面临新的历史机遇的同时,也遇到一些困难与挑战。《民营经济促进法》的制定出台,以法治方式将党中央"两个毫不动摇"的战略方针转化为制度保障,必将为民营经济发展注入强劲动能。

以法治的强制力切实增强发展信心。一段时间以来,否定、怀疑民营经济的言论时有出现,给民营企业和民营企业家带来了一些困惑。习近平总书记明确指出,"民营经济的历史贡献不可磨灭,民营经济的地位作用不容置

疑，任何否定、弱化民营经济的言论和做法都是错误的"[①]。《民营经济促进法》将党中央支持民营经济发展的大政方针转化为具有强制力的法律规范，从根本上破除了制约民营经济发展的体制机制障碍。下一步，以《民营经济促进法》出台实施为契机，还将继续统筹推进配套法规制度的制定，协调推动各项支持保障举措落实落细，增强法律规范的系统性、整体性、协调性，确保法律正确有效实施。这充分彰显了党和国家以法治的稳定性和强制力为民营经济赋权增信、破障护航的鲜明立场和坚定决心，有助于全社会形成对坚持和落实"两个毫不动摇"的共识，进一步增强民营企业奋勇向前、再创辉煌的信心和决心。

以法治的保障力有效解决发展痛点难点。当前，我国民营经济发展还存在一些不平等地位、不公平待遇等方面的问题，市场准入"玻璃门""旋转门"的现象依然存在，民营企业融资难、融资贵的问题仍较突出，民营企业和企业家的合法权益有时难以得到充分保障。《民营经济促进法》针对"准入难""融资难""回款难""中标难""维权难"等问题提出一系列有针对性的解决办法。例如，持续破除市场准入壁垒，完善融资支持政策制度、拖欠账款常态化预防和清理机制，建立健全涉企政策公平竞争审查、行政执法包容审慎等机制。这些务实管用的法律条款有力回应了市场和社会的期待，进一步赋能相关政策举措的制定、完善和实施，切实有效地为民营经济解决痛点难点问题，促进民营经济在稳定、公平、透明、可预期的法治环境中大显身手、大有作为。

以法治的引领力持续释放发展潜力。近年来，受国内外形势和转型升级阵痛等多方面因素影响，我国一些民营企业发展遇到了营收和利润下滑等困难，亟须通过技术创新、产品创新和商业模式创新拓展民营经济发展新空间。我国民营企业是科技研发攻关和新质生产力发展的主力军，但在促进民营企业科技创新方面仍存在一些隐形壁垒需要尽快破除。例如，民营企业参与国家重大科技项目、政府采购等公共资源交易仍有不少隐性限制，申请使用国家重大科研基础设施等科研设备渠道不畅，知识产权受到侵害后维权成本高。

[①] 《习近平给"万企帮万村"行动中受表彰的民营企业家的回信》，新华社，2018年10月21日。

这在一定程度上影响了民营企业创新活力，制约了民营企业发展空间。《民营经济促进法》明确提出，国家鼓励、支持民营经济组织在推动科技创新、培育新质生产力、建设现代化产业体系中积极发挥作用，支持有能力的民营经济组织牵头承担国家重大技术攻关任务，向民营经济组织开放国家重大科研基础设施，并对提供技术创新服务、发挥数据赋能作用、加强技术应用与合作、鼓励人才培养使用、强化知识产权保护、建立完善中国特色现代企业制度等作出具体规定。这些引领性条款为民营企业加大技术创新和制度创新力度、培育新质生产力、拓展更广阔的发展空间创造了有利条件，必将有力推动民营经济发展迈上新台阶。

民营企业发展环境持续优化*

公有制经济和非公有制经济都是社会主义市场经济的重要组成部分，都是我国经济社会发展的重要基础。长期以来，尤其是党的十八大以来，党中央一直坚持以公有制为主体、多种所有制经济共同发展的基本经济制度和"两个毫不动摇"的方针（毫不动摇巩固和发展公有制经济，毫不动摇鼓励、支持、引导非公有制经济发展）。习近平总书记指出，"非公有制经济在我国经济社会发展中的地位和作用没有变，我们鼓励、支持、引导非公有制经济发展的方针政策没有变，我们致力于为非公有制经济发展营造良好环境和提供更多机会的方针政策没有变"①。这几年，围绕解决制约民营经济发展的融资困难、市场准入、平等发展等问题，国家出台了一系列政策措施，同时，深化国有企业改革，民营企业依法平等使用生产要素、公开公平公正参与市场竞争、同等受到法律保护的环境正在形成，经济活力和创造力不断增强。

深入推进混合所有制改革，积极引入民营资本参与国有企业改革。国有资本、集体资本、非公有资本等交叉持股、相互融合的混合所有制经济，是基本经济制度的重要实现形式。自2015年9月颁发《国务院关于国有企业发展混合所有制经济的意见》以来，混合所有制改革扎实推进，目前中央企业所属企业中，超过2/3的企业实现了国有资本和社会资本在产权层面的混合。重点领域混改试点持续深化，按照完善治理、强化激励、突出主业、提高效率的要求，已经分3批共50家国有企业获批进行混合所有制改革试点，涉及

---

* 作者郭春丽、刘方，本文原载于《经济日报》2018年10月14日。

① 习近平：《毫不动摇坚持我国基本经济制度 推动各种所有制经济健康发展》，人民网，2016年3月5日。

电力、石油、天然气、铁路、民航、电信、军工、金融、重要商品等领域。与以前发展混合所有制经济相比，此轮混合所有制改革特别强调国有资本和非国有资本双向进入、交叉持股，民营企业可以参与国有企业改革，国有企业也可以参与民营企业发展，并支持建立非公经济控股的混合所有制企业。为促进转型发展、追求规模经济以及利用国企资源优势，近年来，民营经济通过资产重组、参与新建投资项目等方式实现了与公有制经济产权混合，绝大部分产业领域都可以看到民营经济参与发展的混合所有制企业。随着民营资本参与国有企业改革力度加大，越来越多的民营资本不再满足于从属型、合作型关系，而由原来参与国企产权改革向拥有话语权和参与决策转变。

进一步放宽市场准入，拓宽民间资本的投资领域。长期以来，针对民营企业市场准入问题，中央及地方政府多次出台政策措施，拓宽民间投资渠道，努力打破制约民间投资的"玻璃门""弹簧门""旋转门"，充分调动了民间投资的积极性。全面实施并不断完善市场准入负面清单制度，"法无禁止即可为"，清单之外的领域，各类市场主体皆可依法进入。与此同时，国务院国资委和部分地方国资委制定了国有资本投资负面清单，列入负面清单禁止类投资的项目，中央企业一律不得投资，为民间资本腾出更大发展空间。近期，又进一步下大力气努力降低民间资本进入重点领域的门槛，在环保、交通、油气、电信、社会事业等方面，向民间资本集中推介了一大批商业潜力大、投资回报机制明确的项目，并积极支持民间资本控股。同时，取消和减少了阻碍民间投资进入养老、医疗等领域的附加条件，帮助解决了土地、资金、人才等方面的难题。这些举措提振了民营经济发展预期和信心，激发了市场活力。

长短结合改善融资环境，着力解决民营企业融资难融资贵问题。融资问题是我国民营企业乃至世界中小企业面临的共同难题。中央高度重视民营企业融资难融资贵问题。近年来，除了先后实施稳健和稳健中性的货币政策，保持流动性合理充裕，引导货币信贷和社会融资规模平稳适度增长外，还按照短期精准发力、长期标本兼治的思路，努力改善中小企业融资环境、降低融资成本。近年来，通过扩大小微企业定向降准政策适用范围、发展支持小微企业的融资担保服务、对支持小微企业的金融机构利息收入免征增值税、持续推进中小微企业信用体系建设、积极运用信贷政策支持再贷款、再贴现等措施，引导金融机构加大对小微企业的信贷支持力度。扩容不低于 AA 级的小微企业信用债担保品范围，放松中低评级企业的担保品资质要求，改善了中小企业的债券融资环境。2017 年，针对去杠杆叠加严监管，融资环境总体趋紧，融资中的"所有制偏好"和"规模偏好"问题更加突出等新情况，九部委出台了大中型商业银行设立普惠金融事业部实施方案。目前，国内所有大型商业银行以及几家全国股份制商业银行都在总行层面专门设立普惠金融事业部，在分行、县支行设立了服务小微企业的专门机构。2018 年 5 月以来，银保监会实行"两增两控"新目标，要求商业银行小微企业贷款的同比增速不低于各项贷款的同比增速，对小微企业的客户数不低于去年同期。长期看，解决中小企业融资难问题，关键在于完善金融服务体系，一方面，允许具备条件的民间资本依法发起设立中小型银行等金融机构，促进信贷供给主体多元化；另一方面，加快发展多层次资本市场，支持符合条件的企业通过中小板、新三板、创业板、区域性股权交易平台进行股权融资，进一步简化中小企业股份转让许可，继续推动债券市场创新发展，鼓励中小企业发行非金融企业债务融资工具，支持符合条件的金融机构发行小微企业金融债券，通过提高直接融资比重降低中小企业融资成本。

精准施策出台优惠政策，切实降低民营企业的税费负担。为进一步减轻以中小企业为代表的民营企业的税收负担，除了民营企业能够享受普惠性的税收优惠以外，国家还专门出台了针对民营经济的系列措施，不断加大优惠力度。例如，扩大小微企业享受减半征收所得税优惠政策的范围，从年纳税所得额上限的 20 万元提升到目前的 100 万元；统一小规模纳税人年销售额的标准，同时允许小规模纳税人月销售额不超过 3 万元（季度不超过 9 万元）免征增值税；小微企业借款合同免征印花税，该项政策延期至 2020 年。以上措施实施后，每年能为中小企业带来上千亿元的税收减免。与此同时，针对企业尤其是民营企业对税收优惠获得感不足的问题，国务院及相关部委还进一步优化纳税服务、扩大优惠政策应用范围、提高税收政策优惠力度以及提高政策的可操作性等。为减轻企业的税费负担，相关部门清理、规范涉企收费，严格执行全国政府定价的经营服务性收费目录清单制度，完善清单动态调整机制，开展涉企收费专项检查。近日召开的国务院常务会议要求，把减税降费措施切实落实到位，同时严禁自行对企业历史社保欠费进行集中清缴。

持续推进"放管服"改革，优化民营企业营商环境。按照党中央的统一部署，国务院和各地政府把简政放权作为"先手棋"和"当头炮"，大力推进"放管服"改革，工商登记由"先证后照"改为"先照后证""证照合一"，注册资本由"实缴制"改为"认缴制"，最大限度减少了政府对微观事务的管理。加快推行公平竞争审查制度，强化反垄断执法，持续加强市场价格行为监管，清理和废除妨碍全国统一市场和公平竞争的各种规定和做法，为各类市场主体营造公平竞争的市场环境。完善产权保护制度，甄别纠正了一批涉产权纠纷案件，保护各种所有制经济产权和合法利益，不断增进社会公平正义。营造企业家健康成长环境，弘扬优秀企业家精神，支持企业家专心创新创业。此外，还注重运用大数据、云计算等信息技术，大力发展电子政务，大力推广"互联网＋政府服务"模式，提高各类市场主体办事便利度，提升政府服务质量和效率，进一步降低社会交易成本和民营企业的营商成本。在一系列政策推动下，"亲""清"新型政商关系加快构建，民营经济营商环境持续改善，市场活力和创造力迸发，我国经济发展的内生动力不断增强。

中国特色社会主义进入新时代，实现更高质量、更有效率、更加公平、更可持续的发展，解决发展不平衡不充分问题，不断满足人民日益增长的美好生活需要，民营经济扮演不可或缺的角色。当前民营企业经营中遇到的困难，既与国际环境复杂多变、我国发展条件正发生深刻变化的大环境有关，也与市场化改革尚未完全到位、制约其发展的体制机制障碍仍然存在有关，还与部分民营企业技术创新水平和管理水平低、发展方式粗放有关。随着全面深化改革和供给侧结构性改革的深入推进，鼓励、支持、引导民营经济发展的政策体系更加完善，政策环境和社会氛围更加良好。民营经济积极克服传统思维惯性和路径依赖，主动适应国际和国内发展环境新变化，加快科技创新和管理创新，将顺利跨过"市场冰山""融资高山""转型火山"。

强化乡村振兴的外部支撑体系*

农业农村问题是关系国计民生的根本性问题，没有农业农村的现代化，就没有国家的现代化。当前，我国发展不平衡不充分问题在乡村最为突出，在此背景下，切实做好巩固拓展脱贫攻坚成果同乡村振兴有效衔接各项工作，坚持农业农村优先发展，走中国特色社会主义乡村振兴道路，持续缩小城乡区域发展差距，是当前和今后一个时期的重要任务，也是全面建设社会主义现代化国家的题中应有之义。

全面推进乡村振兴，是一项复杂的系统工程，具有外部性、长周期性和准公共产品属性等特征。在大力培育和激发农业农村发展内生动力的同时，还需强化流通设施建设、资源要素保障、要素自由流动等方面的外部支撑体系，为加快推进农业农村各项改革创新提供基础性条件，充分发挥市场在资源配置中的决定性作用，更好发挥政府作用。

从推动有效市场和有为政府更好结合的角度看，推进乡村振兴的一些基础性支撑条件还存在短板弱项。农村流通服务体系还不完善，农村市场难以有效发挥作用，主要表现为交通、物流等基础设施尚不能完全满足生产生活需要，商品和生活服务有效供给不足，消费环境也需进一步优化；人才、技术、资金等难以满足乡村振兴的需要，特别是人才队伍的整体素质能力难以满足农业农村优先发展的需要，在要素保障方面还需切实发力；农业科技投入不足，农业技术推广体系和服务体系尚不完善；涉农资金供给渠道单一，金融服务的供给能力不足；促进城乡要素双向流动的障碍尚未消除，城乡基

---

* 作者安淑新，本文原载于《经济日报》2021年10月4日。

本公共服务尚有差距，农业农村发展的活力不足等。

解决这些现实问题，需加强顶层设计，特别是要进一步强化推进乡村振兴的支撑体系，从流通体系、人才供给、农技创新、资金投入、城乡融合等方面入手，以完善外部支撑体系为实施乡村振兴战略提供更好保障。

一是健全循环畅通的农村市场流通体系。扩大农产品流通，完善农村市场体系，是推动宏大顺畅的国内经济循环的重要一环。具体来看，要健全县乡村三级物流配送体系，加强城乡交通、农产品仓储保鲜和冷链物流、县级物流配送中心、村物流站点等基础设施建设，加快补齐物流短板，实现农产品从田间地头到百姓餐桌的安全高效流通；加强农村市场设施建设，加大对公益性农产品批发市场、农贸市场建设改造的力度；完善农产品品牌建设体系，培育壮大品牌经营主体，加强对农产品的质量安全管理、品牌营销管理等；加强信息基础设施建设，充分运用大数据、移动互联网等信息技术，扩大电子商务进农村的覆盖面，加强农产品市场监测和预测预警，更好发挥信息引导作用。

二是健全多层次、宽领域的人才供给体系。应围绕农业农村发展的重点领域和实际需求，引进和培育相结合，引导鼓励不同层次不同领域的人才参与乡村振兴，为全面推进乡村振兴提供人才支撑。一方面，需建立"柔性"人才流动机制，提升对高端人才、城市人才等引进人才的服务质量，拓展和畅通城镇人才下乡的通道；另一方面，需加强乡土人才、新型职业农民等的培育，吸引农民工返乡创业，提升农业职业教育质量，加强农村经营管理和实用人才培训，提升当地农业人才素质，完善人才发展机制，打造乡村振兴的主力军。

三是健全创新与推广紧密衔接的农技支撑体系。提升农业竞争能力，关键在加快推进农业科技创新，突破农业发展的瓶颈约束。要完善农业科技创新体系，面向农业农村科技重大需求，围绕现代种业和农业机械等关键技术，加强农业科技研发攻关，提升农业科技研发创新能力；健全农业技术体系，坚持科技创新与转化推广并重、技术集成与成果组装配套、技术链与产业链融合、农科教协作与产学研联合；加强农业科研机构能力建设，深化科技体制改革，调动广大农业科技人员的积极性；创新农业技术推广服务方式，大力推进公益性技术推广体制改革与创新；积极发展市场化的农技推广体系，搭建农技供给者和需求者高效对接的平台。

四是健全高效协同的资金投入体系。引导更多金融资源助力乡村振兴，是更好实施乡村振兴战略的现实需要。要进一步完善财政支农投入机制，加大中央财政转移支付等支持农业农村的力度，完善财政支农资金稳定增长机制、粮食主产区利益补偿机制、涉农资金整合统筹长效机制等，创新财政支农资金使用方式；鼓励引导社会资本助力农业农村更好发展，拓宽社会资本投资领域，建立涉农投融资平台，鼓励、规范和引导社会资本进入农业农村领域。积极发展新型农村金融机构，推动农村金融产品创新，使更多适合农业农村现代化发展方向、满足农业农村发展需要的农村金融产品发挥应有作用。

五是健全有利于要素双向自由流动的城乡融合体系。以县域为城乡融合发展的重要切入点，建立健全城乡要素平等交换、双向流动的政策体系，促进要素更多向乡村流动，增强农业农村发展活力。要提高城镇化水平，重点推动在城镇就业的农村人口市民化；在提升乡村基础设施水平上发力，健全城乡基础设施统一规划、统一建设、统一管护的机制；推进城乡基本公共服务均等化，促进城乡基本公共服务标准统一、制度并轨；统筹县域经济协调发展，特别是要加大对经济发展较为落后的县的重点帮扶力度，从财政、金融、土地、人才、基础设施、公共服务等方面给予集中支持，使其更好巩固脱贫攻坚成果、增强内生发展动力。

打造高水平对外开放新格局 *

开放是当代中国的鲜明标识。不断扩大对外开放、提高对外开放水平，以开放促改革、促发展，是我国发展不断取得新成就的重要法宝。立足新发展阶段、贯彻新发展理念、构建新发展格局、推动高质量发展，需坚持实施更大范围、更宽领域、更深层次对外开放，构建互利共赢、多元平衡、安全高效的开放型经济体系，打造高水平对外开放新格局，不断增强我国国际经济合作和竞争新优势。

统筹好国内国际两个市场

几十年来，我国经济持续快速发展的一个重要动力就是对外开放。进入新发展阶段，我国发展内外部环境发生深刻复杂变化，不稳定性不确定性上升，只有全面提高对外开放水平、推动高水平对外开放，更好利用国内国际两个市场、两种资源，才能有效应对各种风险挑战。

当前，世界正在经历百年未有之大变局，时代之变和世纪疫情相互叠加，世界进入新的动荡变革期，我国发展的外部环境更趋复杂严峻和不确定。特别是新冠疫情全球蔓延、持续反复，全球产业链供应链"断链"风险加剧，一些国家更加重视自身经济增长，注重分散供应链风险、强化关键战略产业的安全性，国际产业链的布局结构出现"内顾化""区域化"倾向，单边主义、保护主义抬头，经济全球化遭遇逆流。这些都对世界经济发展产生深远影响，也是我们推动高水平对外开放面临的挑战。

---

* 作者安淑新，本文原载于《经济日报》2022年9月14日。

在复杂环境下更好推动经济社会发展、推动高水平对外开放，我国拥有雄厚物质基础和许多有利条件。一方面，我国经济实力、科技实力、综合国力、国际影响力持续提升，经济发展和疫情防控保持全球领先。2021年，我国国内生产总值（GDP）比上年增长8.1%，两年平均增长5.1%，在全球主要经济体中名列前茅；经济规模突破110万亿元，达到114.4万亿元，稳居全球第二大经济体；人均GDP超过1.2万美元。另一方面，我国产业体系完备优势持续巩固，是全世界唯一拥有联合国产业分类中全部工业门类的国家，具有完备的产业体系、强大的动员组织和产业转换能力，国内超大规模市场优势也日益凸显。我国既可以为国际市场提供更多产品、资本和技术，也可以为国际商品等提供更大市场，这些都为推动更高水平对外开放提供了有利条件。

总体来看，我国经济韧性强、潜力足、回旋余地广、长期向好的基本面不会改变。更好推动高水平对外开放，不仅有利于实现自身的高质量发展，还将为世界经济企稳复苏注入强大动能，为各国提供更广阔的市场机会。

聚力抓好重点任务

打造高水平对外开放新格局，要以国内超大规模市场需求为导向，以推动共建"一带一路"高质量发展为重点，以自由贸易试验区、海南自由贸易港、中国国际进口博览会等重大开放平台为支撑，坚持"引进来"和"走出去"并重，推动由商品和要素流动型开放向规则等制度型开放转变。

一是推动共建"一带一路"高质量发展。使共建"一带一路"成为当今世界深受欢迎的国际公共产品和国际合作平台，把基础设施"硬联通"作为重要方向，加快完善各具特色、互为补充、畅通安全的陆上通道，优化海上布局，拓展国际客货运航线，健全海陆空多式联运网络体系。把规则标准"软联通"作为重要支撑，继续加快建设合作平台，与相关国家对接产能合作技术标准，积极推动我国产品和服务"走出去"，使之更具国际竞争力。持续拓展合作新领域，开展健康、绿色、数字、创新等新领域合作，培育合作新增长点。此外，还需有效提升中西部地区开放水平，更好响应其他国家国内消费升级和产业链供应链稳定运转等方面的需求。

二是夯实支撑开放发展的产业基础和功能平台。依托我国超大规模市场优势，增强国内外产业之间的联系，用好国内国际两个市场、两种资源，增强产业链供应链韧性和竞争力。要立足各地区资源禀赋优势、产业结构现状和转型升级需要强化产业链供应链韧性，通过对外开放加强资源整合能力，打造基于自身产业结构特征的核心竞争力，持续优化地区间产业分工。要夯实产业发展的先进技术基础，强化高新技术产业领域国际合作，加大自主创新力度，尽快与国际技术体系对接，推动产业升级。要不断完善开放平台功能，优化自由贸易试验区、海南自由贸易港、综合保税区、内陆开放型经济试验区等开放平台和枢纽功能。

三是提升全球要素资源配置能力。依托培育高端生产要素和引进国际先进要素，提升企业整合全球要素资源进行创新活动和全球化经营的能力，促进产业转型升级。促进资金、技术、劳动力和信息等要素的双向有序流动，在全球范围内配置资源；推动要素结构升级和优化，带动产业从价值链中低端向高端延伸，不断提升我国在全球产业分工中的位势；参与全球科技治理，构筑聚集全球优秀人才的科技创新高地，完善高端、专业人才来华工作、科研、交流的相关政策。

四是推动制度型开放。需对接国际高标准经贸规则，适应重大生产力布局新要求，由商品和要素流动型开放向规则等制度型开放转变，处于"跟跑""并跑"阶段的领域需借鉴、对标国际经贸规则，处于"领跑"阶段的领域需注重引领国际规则制定或修订。要深化服务领域对外开放，提升贸易和投资自由化便利化水平，加快发展服务贸易；要优化外商投资环境，扩大鼓励外商投资范围，深入实施外资准入负面清单，发挥外商投资的溢出效应；要加强知识产权保护，进一步完善法律制度的顶层设计，加强执法力度。

五是积极参与全球经济治理体系改革。全面实施《区域全面经济伙伴关系协定》，推动同更多国家和地区商签高标准自由贸易协定，积极推进加入《全面与进步跨太平洋伙伴关系协定》和《数字经济伙伴关系协定》。积极维护以世界贸易组织为核心的多边贸易体制，消除贸易、投资、技术壁垒，推动构建开放型世界经济。坚持共商共建共享，加强全球经济治理，增加新兴市场国家和发展中国家代表性和发言权，确保各国权利平等、规则平等、机会平等，促进全球平衡、协调、包容发展，为实现高水平对外开放创造稳定有利的外部环境。

第二篇
学习贯彻党的二十届三中全会精神

构建高水平社会主义市场经济体制*

党的二十届三中全会通过的《中共中央关于进一步全面深化改革、推进中国式现代化的决定》，紧紧围绕中国式现代化部署进一步全面深化改革，明确提出"高水平社会主义市场经济体制是中国式现代化的重要保障"，凸显了构建高水平社会主义市场经济体制对推进中国式现代化的重大意义。新时代新征程，要以完善高质量经营主体、高标准市场体系、高效率市场经济基础制度和高效能治理体系为重点，深入推进构建高水平社会主义市场经济体制，为中国式现代化持续注入强劲动力、提供有力制度保障。

实现高效率资源配置需要高效能宏观治理

习近平总书记指出，在社会主义条件下发展市场经济，是我们党的一个伟大创举。[①] 社会主义市场经济体制是我国改革开放的伟大创造，已成为社会主义基本经济制度的重要组成部分。改革开放以来，我国通过理论创新、实践创新和制度创新，确立了社会主义市场经济体制，把社会主义制度优越性同市场经济一般规律有机结合起来。党的十八大以来，在以习近平同志为核心的党中央坚强领导下，围绕使市场在资源配置中起决定性作用和更好发挥政府作用，全方位展开、系统性推进改革，重要领域和关键环节改革取得决定性成果，社会主义市场经济体制更加系统完备、更加成熟定型。实践充分证明，社会主义市场经济体制的建立和完善极大调动了亿万人民的积极性，

---

* 作者郭春丽，本文原载于《经济日报》2024 年 9 月 10 日。

① 《不断开拓当代中国马克思主义政治经济学新境界》，《求是》2020 年第 16 期。

极大解放和发展了社会生产力，为改革开放以来我国取得经济快速发展和社会长期稳定两大奇迹提供了制度保障。新时代新征程，必须加快构建高水平社会主义市场经济体制，为强国建设、民族复兴提供制度支撑。

构建高水平社会主义市场经济体制是进一步完善社会主义市场经济体制的必然选择，是进一步完善和发展中国特色社会主义制度、推进国家治理体系和治理能力现代化的重要方面。改革开放以来，围绕处理好政府和市场关系这个核心问题，以经济体制改革为重点，不断将社会主义市场经济体制改革引向深入。党的十一届三中全会拉开改革开放大幕，实行市场取向的改革，开启了改革开放和社会主义现代化建设新时期。党的十四大把建立社会主义市场经济体制确立为我国经济体制改革的目标，提出要使市场在社会主义国家宏观调控下对资源配置起基础性作用。党的十八届三中全会明确提出使市场在资源配置中起决定性作用和更好发挥政府作用。党的二十届三中全会进一步围绕处理好政府和市场关系这个核心问题，把构建高水平社会主义市场经济体制摆在突出位置，强调既"放得活"又"管得住"。社会主义市场经济体制改革完善的过程，是我们党对市场经济规律认识深化和升华的过程，也是不断探索构建与生产力发展要求相适应经济体制的过程。构建高水平社会主义市场经济体制，推动生产关系同生产力尤其是新质生产力、上层建筑同经济基础相适应，能够更好推进和拓展中国式现代化。

高水平社会主义市场经济体制具有丰富的科学内涵。构建高水平社会主义市场经济体制，核心是充分发挥市场在资源配置中的决定性作用，更好发挥政府作用，使市场"无形之手"充分施展、政府"有形之手"有为善为，实现有效市场和有为政府有机统一。有效市场需要高质量经营主体、高标准市场体系、高效率市场经济基础制度支撑。在构建高水平社会主义市场经济体制中，通过打造充满活力、富有竞争力和创新力的经营主体，建设高效规范、公平竞争、充分开放的全国统一大市场，形成更加公平、更有活力的市场环境，实现资源配置效率最优化和效益最大化。有为政府需要进一步完善宏观调控制度体系，统筹推进财税、金融等重点领域改革，更好发挥政府在宏观调控、市场监管、公共服务、环境保护等方面的作用。通过构建高水平社会主义市场经济体制，推动市场有效运行和政府有为善为有机结合、相得益彰，彰显社会主义制度优越性，实现高效率的资源配置和高效能的宏观治理。

为推进中国式现代化提供重要保障

中国式现代化是在改革开放中不断推进的，也必将在改革开放中开辟广阔前景。适应新形势新要求，构建高水平社会主义市场经济体制，充分发挥经济体制改革牵引作用，可以为推进中国式现代化提供重要保障。

为实现新阶段目标任务提供重要保障。党的二十大报告提出到2035年我国发展的总体目标，提出到21世纪中叶把我国建设成为综合国力和国际影响力领先的社会主义现代化强国的目标。在人口年龄结构、资源要素供给发生深刻变化的大背景下，提高经济发展效率和全要素生产率，是经济持续稳定健康发展的动力。构建高水平社会主义市场经济体制，通过深化国资国企改革、促进非公有制经济发展、构建全国统一大市场、完善市场经济基础制度，加快形成产权有效激励、要素自由流动、价格反应灵活、竞争公平有序、企业优胜劣汰的体制机制，既可以激发经营主体的活力和创新能力，也可以促进劳动、资本、土地、技术等生产要素自由流动，大幅提升全要素生产率，推动潜在增长率保持在合理水平，夯实全面建成社会主义现代化强国的经济基础。

为完整、准确、全面贯彻新发展理念提供重要保障。高质量发展是体现新发展理念的发展，是创新成为第一动力、协调成为内生特点、绿色成为普遍形态、开放成为必由之路、共享成为根本目的的发展。完整、准确、全面贯彻新发展理念是实现更高质量、更有效率、更加公平、更可持续、更为安全发展的必由之路。在贯彻落实新发展理念中，一些地方还存在不少问题和薄弱环节，影响经济发展质量和效益持续提升。构建高水平社会主义市场经济体制，加快健全宏观经济治理体系，围绕实施国家发展规划、重大战略促进财政、货币、产业、价格、就业等政策协同发力，优化各类增量资源配置和存量结构调整，推动形成科学的宏观调控和有效的政府治理，激励各类经营主体凝心聚力搞创新、脚踏实地搞实业，不断塑造发展新动能新优势。

为构建新发展格局提供重要保障。加快构建新发展格局是重塑我国国际合作和竞争新优势的战略抉择。大国经济的优势就是内部可循环。国内循环越顺畅，越能形成对全球资源要素的引力场。当前我国还存在妨碍统一市场形成和公平竞争的一些规定和做法。构建高水平社会主义市场经济体制，实现准入畅通、规则一致、设施联通和监管协同，破除地方保护和市场分割，促进商品资源要素在生产、分配、流通、消费各环节有机衔接，在更大范围内顺畅流动、优化配置，有利于畅通经济循环。强大国内市场的形成与发展，能保持和增强对全球资源要素的吸引力，更好联通国内国际两个市场、两种资源，实现国内国际双循环相互促进。

为推动高质量发展提供重要保障。高质量发展是全面建设社会主义现代化国家的首要任务。当前我国发展不平衡不充分问题较为突出，市场体系仍不健全，市场发育还不充分，政府和市场的关系尚未完全理顺，影响发展质量变革、效率变革、动力变革。构建高水平社会主义市场经济体制，破除资源要素有效配置的体制机制障碍，完善归属清晰、权责明确、保护严格、流转顺畅的现代产权制度，实施开放透明的市场准入制度、公平竞争制度、社会信用制度，健全推动高质量发展激励约束机制，让更高质量的商品和服务脱颖而出，让更多优质资源要素向先进生产力和优势主体集聚，让更多新技术新业态新模式推广应用，不断培育壮大新动能新优势，为推动经济实现质的有效提升和量的合理增长提供动力来源。

统筹各项战略任务畅通国民经济循环

以处理好政府和市场关系为核心，以经济体制改革为牵引，以激发经营主体活力、构建全国统一大市场、完善市场经济基础制度、健全宏观经济治理体系为重点，加快构建高水平社会主义市场经济体制，推动经营主体竞争更加公平、市场体系更加统一、市场制度更加高效、政府治理更加协同。

一是坚持和落实"两个毫不动摇"。毫不动摇巩固和发展公有制经济，毫不动摇鼓励、支持、引导非公有制经济发展，促进各种所有制经济优势互补、共同发展，持续激发经营主体活力。深化国资国企改革，进一步加强和改进国有经济管理的顶层制度设计，推进国有经济布局优化和结构调整，推动国资国企做强做优做大，增强核心功能，提升核心竞争力。聚焦为非公有制经济发展提供更多机会，制定民营经济促进法，持续优化民营经济发展的法治环境、政策环境、市场环境，确保各种所有制经济依法平等使用生产要素、公平参与市场竞争、同等受到法律保护。同时，完善中国特色现代企业制度，弘扬企业家精神，推动形成一批世界一流企业。

二是构建全国统一大市场。推出全国统一大市场建设指引，推动市场基础制度规则统一、市场监管公平统一、市场设施高标准联通，加强公平竞争审查刚性约束，清理和废除妨碍全国统一市场和公平竞争的各种规定和做法，破除地方保护和市场分割。持续推动要素市场化配置改革，破除阻碍要素自由流动的体制机制障碍，健全要素市场体系，推进要素市场制度建设，实现要素价格市场决定、流动自主有序、配置高效公平。健全一体衔接的流通规则和标准，深化能源管理体制改革，建设全国统一电力市场。加快培育完整内需体系，形成市场主导的有效投资内生增长机制，完善扩大消费长效机制，扩大有效益的投资、激发有潜能的消费，把超大规模市场优势和巨大内需潜力充分激发出来。

三是完善市场经济基础制度。完善产权制度，加强产权和知识产权保护，依法平等长久保护各种所有制经济产权，让各类经营主体有更多的安全感、归属感，激发全社会的创新活力和动力。完善市场准入制度，出台相关意见，发布新版市场准入负面清单，优化新业态新领域市场准入环境，同时健全企业破产机制，探索建立个人破产制度，完善企业退出制度，更好营造公平竞争的市场环境。健全社会信用体系和监管制度，更好营造公平诚信的市场环境。

四是健全宏观经济治理体系。完善国家战略规划体系和政策统筹协调机制，健全国家经济社会发展规划制度体系。加强宏观政策协调配合，将经济政策和非经济性政策都纳入宏观政策取向一致性评估，健全预期管理机制，促进财政、货币、产业、价格、就业等政策协同发力，避免"合成谬误"和"分解谬误"。深化财税体制改革，加强财政资源和预算统筹，优化税制结构，建立权责清晰、财力协调、区域均衡的中央和地方财政关系。深化金融体制改革，畅通货币政策传导机制，完善金融机构定位和治理，健全投资和融资相协调的资本市场功能，加强和完善现代金融监管体系。立足实际、聚焦重点，加快建立与高质量发展相适应的统计制度和体系。完善实施区域协调发展战略机制，推动既定区域重大战略部署发挥各自优势功能，构建优势互补的区域经济布局和国土空间体系。

健全宏观经济治理体系的侧重点[*]

党的二十届三中全会审议通过的《中共中央关于进一步全面深化改革、推进中国式现代化的决定》（以下简称《决定》）明确指出，科学的宏观调控、有效的政府治理是发挥社会主义市场经济体制优势的内在要求，并从完善国家战略规划体系和政策统筹协调机制、深化财税体制改革、深化金融体制改革、完善实施区域协调发展战略机制四个方面作出针对性部署。以深化改革、完善机制来健全宏观经济治理体系，将有效增强宏观经济治理效能，有力促进经济持续健康稳定发展。

强化战略规划引领，促进政策统筹协调

制定实施战略规划在我国经济发展中占据重要位置、发挥了重要作用，也是我国宏观经济治理体系的重要特色。国家战略规划体系集中体现了党和国家的战略意图和中长期发展目标，具有全局性、长远性、根本性的影响，是推动实现国家长治久安、高质量发展的重要依托。党的十八大以来，我国国家战略体系、规划体系更加科学完善，有效助力实现第一个百年奋斗目标，推动全面建设社会主义现代化国家开好局、起好步。但也要看到，当前仍存在国家战略融合不足，规划目标与政策工具不协同，专项规划对总体规划支撑不足，财税、金融、产业、区域等政策与国家战略、国家发展规划统筹协调不够等问题，影响了国家战略和规划作用的更好发挥。

新时代新征程上，面对严峻复杂的国际环境和艰巨繁重的国内改革发展

---

[*] 作者吴萨、李清彬，本文原载于《学习时报》2024年8月21日。

稳定任务，迫切需要发挥好国家战略规划体系的引领和指导作用，进一步完善国家战略规划体系和政策统筹协调机制。在战略体系方面，我国已推动实施一系列重大战略，取得积极成效，下一步需要促进相互之间更好融合衔接、形成合力。为此，要构建国家战略制定和实施机制，加强国家重大战略深度融合，增强国家战略宏观引导、统筹协调功能。在规划体系方面，规划要充分体现战略意图，推动国家重大战略深度融入国家发展规划中。要准确把握不同规划的功能定位，国家发展规划是战略导向，空间规划是基础，专项规划、区域规划是实施支撑，强化各类规划与国家发展规划的有机衔接，发挥好各自功能。在政策体系方面，促进政策间的统筹协调是重中之重。要围绕实施国家战略和国家发展规划，加强宏观政策协调配合，增强宏观政策取向一致性，将经济政策和非经济性政策都纳入宏观政策取向一致性评估，统筹把握好政策出台的时机、力度和节奏，强化各方面对政策的理解、执行和传导，推进财政、货币、产业、价格、就业、投资、消费、环保等政策协同发力，最大限度调动各方面积极性，形成政策合力。

深化财税体制改革，夯实国家治理基础

财政是国家治理的基础和重要支柱，财税体制和政策是宏观经济治理体系的重要工具。适应推动高质量发展、推进中国式现代化等新任务新要求，《决定》突出问题导向，从健全预算制度、健全税收制度和完善中央和地方财政关系等方面作出改革部署，拉开了新一轮财税体制改革的大幕。

在预算方面，我国预算分配权不够统一，一些领域财政支出不够规范透明，超出财力进行承诺和安排，必须进一步破除体制机制障碍，加快健全预算制度。实行全面预算管理，把依托行政权力、政府信用、国有资源资产获取的收入全部纳入政府预算管理，不留死角。加强资源统筹，完善集中力量办大事的财政保障机制。统一预算分配权，打破基数概念和支出固化格局，增强预算编制的科学性和准确性。深化预算绩效管理改革，强化公共服务事前功能评估，强化绩效评价结果运用。完善权责发生制政府综合财务报告制度，加强数据分析应用，提升预算可持续性。

在税收制度方面，税收收入占国内生产总值比重相对较低、地方税种普

遍收入规模较小、直接税体系不够完善、各种变相的税收优惠政策大量存在，要沿着有利于高质量发展、社会公平、市场统一的方向，加快健全税收制度。全面落实税收法定原则，加强税收立法修法工作，研究同新业态相适应的税收制度，积极稳妥推进非税收入立法研究，规范税收优惠政策，完善对重点领域和关键环节支持机制。健全直接税体系，完善综合和分类相结合的个人所得税制度，规范经营所得、资本所得、财产所得税收政策，实行劳动性所得统一征税。深化税收征管改革，进一步加强征税规范性、便捷性和精准性，坚决防止收"过头税费"。

在中央和地方财政关系方面，部分领域中央和地方财政事权划分还不够清晰、地方自主税源不够稳定、一些地方对上级转移支付依赖程度过高，转移支付激励约束机制尚不健全，要按照权责清晰、财力协调、区域均衡的要求，进一步调整优化中央和地方财政关系。在权责清晰方面，完善中央和地方财政事权和支出责任划分，适当加强中央事权、提高中央财政支出比例，减少委托地方代行的中央财政事权。在财力协调方面，推进消费税稳步下划地方，优化共享税分享比例，清理规范专项转移支付，增加一般性转移支付，建立促进高质量发展转移支付激励约束机制，进而增加地方自主财力，提升市县财力同事权相匹配程度。

在区域均衡方面，要根据各地所处发展阶段、资源禀赋、公共服务提供成本等多方面因素，科学测算均衡调节财力分配，加强对履行特定功能地区的财政支持。同时，针对仍在攻坚期的政府债务风险问题，《决定》强调完善政府债务管理制度，建立全口径地方债务监测监管体系和防范化解隐性债务风险长效机制，加快地方融资平台改革转型。

深化金融体制改革，更好服务实体经济

金融是国民经济的血脉。近年来，我国金融业发展加快，金融领域持续创新，金融体系复杂度、开放度不断提升，同时也面临风险隐患较多、金融服务实体经济质效不高、金融乱象和腐败问题屡禁不止、金融监管和治理能力薄弱等突出问题。《决定》锚定建设金融强国目标和牢牢守住不发生系统性风险底线的要求，对深化金融体制改革作出重大部署，从体制机制层面有

效解决这些问题，促进金融更好服务支撑中国式现代化建设全局。

一是完善中央银行制度。中央银行是金融体系的中枢，中央银行制度是一国最重要的货币金融管理制度。必须加快完善中央银行制度，健全货币政策和宏观审慎政策体系，发挥好货币政策工具总量和结构双重功能，畅通货币政策传导机制。二是提高服务实体经济质效。服务实体经济是金融的本源。完善金融机构定位和治理，健全服务实体经济的激励约束机制，健全尽职免责规定，建立敢贷愿贷能贷会贷的长效机制，着力打造金融机构、市场、产品和服务体系，努力做好金融"五篇大文章"。三是建设强大的资本市场。资本市场事关经济长期健康发展，也关系到居民财产性收入增长和财富积累。我国资本市场健康平稳发展的基础尚不牢固，主要股指较为低迷，股民获得感不强，股市的投资、融资功能存在失衡。《决定》提出要健全投资和融资相协调的资本市场功能，直指"病灶"所在，为进一步深化资本市场改革指明了方向。四是强化金融监管。金融领域风险隐蔽性、复杂性、突发性、传染性、危害性强。要依法将所有金融活动纳入监管，全面强化机构监管、行为监管、功能监管、穿透式监管、持续监管，做到"长牙带刺"、有棱有角。在监管过程中，建立风险早期纠正硬约束制度，健全权责一致、激励相容的风险处置责任机制，更好预防和化解风险。五是推动金融高水平开放。一方面，加快完善相关体制机制和规则，以制度型开放为重点推进金融高水平对外开放；另一方面，强化开放条件下的金融安全机制，推进自主可控的跨境支付体系建设，建立统一的全口径外债监管体系。六是加强金融法治建设。制定金融法，及时推进金融重点领域和新兴领域立法，加大金融执法力度，对各类违法违规行为零容忍，健全维护国家金融安全的法律工具箱。

完善制度机制，推动区域协调发展战略实现新突破

区域差异大、发展不平衡是我国基本国情，实施区域协调发展战略是我国宏观经济治理体系的重要内容。近年来，以习近平同志为核心的党中央把统筹区域协调发展摆在突出重要的位置，部署实施一系列区域重大战略，取得令人瞩目的重大成就。但在实践中还存在不少问题，例如地区分割保护、跨区域协同难、地区间基本公共服务均等化程度不足等，背后症结就在于相

关机制仍不完善。适应新时代新征程对区域协调发展战略提出的更高要求，《决定》就实施区域协调发展战略机制作出改革部署，将有力推动相关战略实现新突破。

在区域经济布局方面，以什么样的价值导向进行空间安排是关键。早在2019年8月，中央财经委员会第五次会议就明确提出要推动形成优势互补高质量发展的区域经济布局，要求根据各地区的条件，落实主体功能区战略，走合理分工、优化发展的路子。《决定》再次强调"优势互补"，要求健全制度和政策体系、优化机制，推动既定区域重大战略部署发挥各自优势功能，实现新的突破。在跨区域协作方面，《决定》特别提出，要完善区域一体化发展机制，构建跨行政区合作发展新机制等，这将进一步破除跨区域合作的各类障碍，促进资源要素跨区域高效流动和优化配置，有利于不同地区发挥各自优势形成发展合力，有利于促进先发地区带动后发地区共同发展，实现共同富裕。

构建全国统一大市场的重大改革举措*

党的二十届三中全会对构建高水平社会主义市场经济体制进行系统部署，强调要构建全国统一大市场。全国统一大市场是基于市场在资源配置中起决定性作用的"统一"，是引导要素资源合理有序高效配置、面向全球充分开放的"大市场"。要全面准确理解构建全国统一大市场的内涵特征和任务要求，确保全国统一大市场建设始终沿着正确方向前进，为实现中国式现代化提供坚强有力的支撑。

充分认识构建全国统一大市场的目标要求

构建高效规范、公平竞争、充分开放的全国统一大市场，全面推动我国市场由大到强转变，是以习近平同志为核心的党中央从全局和战略高度作出的重大决策，是坚持社会主义市场经济改革方向的重要部署。

提升战略思维和系统思维，必须把党的全面领导贯穿统一大市场建设各方面全过程。我国经济纵深广阔、拥有超大规模市场，这是参与国际竞争合作的重要优势与关键支撑。当前和未来一段时期，外部环境复杂多变，亟待以自身最大确定性应对外部不确定性，把超大规模市场潜能转化为有效需求，增强高标准市场体系的立规建制能力，不断提升国内市场的对外影响与吸引力，进而为经济高质量发展注入源源不断的动力。在这个过程中，要充分发挥党总揽全局、协调各方的领导核心作用，不断提高政策统一性、规则一致性、执行协同性，统筹考虑区域、城乡、行业差异，优化调整好央地之间、

---

* 作者郭丽岩，本文原载于《学习时报》2024 年 9 月 23 日。

地方之间、政企之间的关系，推动解决财税体制、统计核算、政绩考核等深层次矛盾，健全适应全国统一大市场建设的长效体制机制。

提升创新思维，营造更加公平更有活力的市场环境，塑造支撑经济高质量发展的新动能新优势。全要素生产率提升是新质生产力的核心标志，是衡量经济增长质量的重要指标，是推动高质量发展的动力源。要健全相关规则和政策，加快形成同新质生产力更相适应的生产关系，促进各类先进生产要素向发展新质生产力集聚，大幅提升全要素生产率。引导和鼓励各类经营主体向"新"而行、向"绿"转型、向"高"攀登，关键是营造市场公平竞争环境，发挥超大规模市场具有丰富应用场景和放大创新收益的优势，完善促进自主创新成果市场化应用的体制机制，加快科技创新和新兴产业发展，显著增加优质产品与服务，推动实现需求牵引供给、供给创造需求的更高水平动态均衡，从而塑造更具品牌、标准、质量竞争优势的现代化产业体系。

提升辩证思维，处理好内外部市场的联动关系，增强国际竞争合作新优势。构建全国统一大市场、全面推动我国市场由大到强转变，并非要把所有外需都转化为内需，而是要更好满足自身与世界需求，在巩固提升国内大循环内需主动力基础的同时，提升国际循环质量和水平，让全球能够共享中国市场统一性提升和发展壮大的红利，从而更好体现大国责任与担当。畅通国内国际双循环，不只是畅通人流、物流和要素流，更重要的是促进国内国际市场规则、规制、管理和标准相通相融。通过完善高水平对外开放体制机制，加快从商品和要素流动型开放转向制度型开放，以充分开放的统一大市场吸引和汇聚全球优质要素资源，更为主动地融入全球经贸体系，积极参与全球经济治理体系改革，通过立规建制提升自身影响力。

把握量变质变规律，加快构建全国统一大市场

构建全国统一大市场是建设高水平社会主义市场经济体制的内在要求，是构建新发展格局的基础支撑，是推动高质量发展的重要保障，更是充分释放市场潜能、激发发展动力、促进经济平稳运行的重要举措。

加快构建全国统一大市场涉及市场规模、结构、质量、影响力等多个方面，包括商品、服务、要素资源和制度规则等多个维度。持续提升全国市场

的统一性、全面推动我国市场由大到强转变是建设规模和范围更大、层次更丰富、结构更优化、质量效益更高、制度规则统一完备、安全保障能力和全球竞争力更强的强大市场。由此可见，加快构建全国统一大市场，既要以市场规模和范围拓展、增速扩大的"量变"为前提和基础，又要以提升市场发展质量、运行效率和治理能力的"质变"为出发点和落脚点。

对于加快构建全国统一大市场、全面推动我国市场由大到强的转变而言，关键是推动有效市场与有为政府更好结合。真正的市场统一、市场强大是内生性的，关键是要充分发挥市场在资源配置中的决定性作用和更好发挥政府作用，聚焦完善规则、破除壁垒，彻底解决体制机制层面的结构性难题与矛盾，进一步激发经营主体活力动力，由内而外地推动市场高质量发展和高标准市场体系建设。政府的"有为"更多体现在加快补齐基础设施"硬短板"以及市场制度"软短板"方面，通过强化政策稳定性与可预期性，更好统筹发展和安全，彻底破除妨碍要素资源自由流动的各类壁垒，从而畅通生产、分配、流通、消费的国民经济循环。

确保构建全国统一大市场相关举措落地见效

现阶段，国内市场规模不断扩大、结构进一步优化，发展质效也在持续提升。未来持续巩固和提升全国市场统一性、促进市场由大到强转变、持续释放内需潜能，是支撑经济高质量发展、保障经济安全的战略选择和必由之路。

推动市场基础制度规则统一、市场监管公平统一和市场设施高标准联通。公平竞争是市场经济的基本原则，要加强公平竞争审查刚性约束，落实好《全国统一大市场建设指引（试行）》《公平竞争审查条例》，统一审查标准和细化审查细则，清理和废除妨碍全国统一市场和公平竞争的各种规定和做法，特别是准入准营环节的显性或隐性市场壁垒。要强化反垄断和反不正当竞争，健全公平竞争治理体系，提升公平竞争治理能力，规范不当市场竞争和市场干预行为。个别地区出于本位利益的考虑而放大了企业跨区经营的交易成本，尤其是不当招商引资行为扰乱了市场竞争秩序。为此，要规范地方招商引资法规制度，严禁违法违规给予政策优惠行为，推动各地招商引资从比拼优惠政策向比拼营商环境转变，防止恶性竞争。同时，持续整治招标投标和政府采购等重点领域的地方保护和市场分割突出问题，建立健全统一规范、信息共享的招标投标和政府、事业单位、国有企业采购等公共资源交易平台体系，确保平等对待各类经营主体，实现项目全流程公开管理。完善统一监管规则，健全新经济新业态监管制度，提升市场综合监管能力和水平，推进跨部门跨区域联动执法，一体推进法治监管、信用监管和智慧监管。顺应高质量发展趋势，健全国家标准体系，更好发挥标准引领作用，深化地方标准管理制度改革。

完善要素市场制度和规则，更好发挥市场机制作用，建设统一高效的要素市场体系。我国要素市场建设取得了一系列进展，但随着经济社会快速发展，新业态新领域对要素市场制度建设提出新要求，亟待建设与高质量发展和高标准市场体系相适应的全国统一要素资源市场，持续深化要素市场化配置改革，健全由市场供求关系决定要素价格机制，以及劳动、资本、土地、知识、技术、管理、数据等生产要素由市场评价贡献、按贡献决定报酬的机制。为了将各类生产要素全面融入经济价值创造过程，实现要素配置效率最优化和效益最大化，一方面要扩大增量优质供给，培育全国一体化技术和数据市场，促进生产要素尤其是新型生产要素加快向新质生产力形成的领域汇聚，另一方面要盘活存量供给，推动其从低质低效领域向优质高效领域流动，要构建城乡统一的建设用地市场，完善资本市场规范发展的基础制度，强化各类要素服务实体经济发展的功能。

完善流通体制，打好"软硬"组合拳。当前流通环节存在堵点制约经济循环效率，尤其是流通布局尚待优化，物流标准化水平尚待提升，为此要着力完善流通体制，促进市场基础设施高标准联通，为构建全国统一大市场提供支持。要加快发展物联网，推动流通基础设施改造升级，促进流通新业态新模式发展，要健全一体衔接的流通规则和标准，提升治理水平，从而降低全社会物流成本，推动社会物流总费用占GDP比重持续下降。深化能源管理体制改革，加快能源市场体系建设，尤其是建设全国统一电力市场。依法依规放宽准入门槛，推进能源行业相关自然垄断环节独立运营和竞争性环节市场化改革，健全监管体制机制。稳妥推进不同行业网运分开，优化油气管网运行调度机制。

　　加快培育完整内需体系，形成消费和投资相互促进的良性循环。通过激发有潜能的消费和有效益的投资，充分释放超大规模市场优势和内需潜力，有力支撑统一大市场构建。一方面，完善促进投资体制机制，增强投资对优化供给结构的关键作用。建立政府投资支持基础性、公益性、长远性重大项目建设长效机制，健全政府投资有效带动社会投资体制机制，规范实施政府和社会资本合作新机制。同时，深化投资审批制度改革，持续破除阻碍民间投资的不当干预和壁垒，激发社会资本投资活力和促进投资落地，形成市场主导的有效投资内生增长机制。投资有效性体现在兼顾眼前和长远、统筹好发展和安全，要聚焦国家重大战略和重点领域安全保障能力建设，发行并使用好超长期特别国债等政策手段，支撑实现高水平科技自立自强、提升粮食和能源安全保障能力等方面的项目投资，同时推动新一轮大规模设备更新和消费品以旧换新政策效果释放。另一方面，完善扩大消费长效机制，增强消费对经济发展的基础性作用，持续畅通稳就业、促收入、扩消费之间的促进机制，改善消费环境，解除消费后顾之忧。因地制宜优化调整住宅和汽车领域的限制性措施，减少不当干预。围绕教育、医疗、养老、育幼等民生保障领域，扩大优质公共服务供给，合理增加公共消费。推动发布新品、开设首店等首发经济发展，激活消费新动能，培育壮大新型消费，更好满足人民群众多样性品质化消费需求。

推进重点领域改革　加快完善市场经济基础制度[*]

党的十八大以来，以习近平同志为核心的党中央以更大的政治勇气和智慧，用全局观念和系统思维统筹谋划改革开放、加强改革顶层设计，在全面深化改革的框架下充分发挥经济体制改革的牵引作用，从而更有针对性地解决各领域各层面各环节的矛盾和问题。党的十九届四中全会把按劳分配为主体、多种分配方式并存和社会主义市场经济体制上升为基本经济制度，这一重大理论创新标志着我国社会主义经济制度更加成熟更加定型。《中共中央 国务院关于新时代加快完善社会主义市场经济体制的意见》等重要文件发布实施以来，加快推进了一系列重大经济体制改革，破除了一批体制机制障碍，推动发展动能不断积蓄。

牢牢把握高质量发展这一首要任务，要求构建更加系统完备、更加成熟定型的高水平社会主义市场经济体制

习近平总书记在参加十四届全国人大二次会议江苏代表团审议时强调，围绕构建高水平社会主义市场经济体制，加快完善产权保护、市场准入、公平竞争、社会信用等市场经济基础制度。[①] 经过40多年的改革探索和不懈努力，我国已成功实现了从计划经济体制向社会主义市场经济体制的转变。市场经济是以市场价格信号调节供给与需求的经济体系，其在基础制度和运行

---

[*] 作者郭丽岩，本文原载于《学习时报》2024年5月17日。
[①] 《习近平在参加江苏代表团审议时强调 因地制宜发展新质生产力》，《人民日报》2024年3月6日。

机制等方面与计划经济有本质不同。

社会主义市场经济的基础制度涉及产权、准入、竞争、信用等重点领域和关键环节，在这些重点领域持续深化"牵一发动全身"的改革任务，有利于推动实现产权有效激励、要素自由流动、价格反应灵活、竞争公平有序、企业优胜劣汰，能够为社会主义市场经济有效运行提供基础保障。

正因为全面完善市场经济基础制度如此的必要与紧迫，加快建设全国统一大市场的首要任务就是强化市场基础制度规则的统一。要加快完善重点领域制度规则和重大政策沟通协调机制，加快推进标准互认，提高政策制定统一性、规则一致性和执行协同性。一方面，通过深入推进市场高效联通重点任务，加快推进市场制度、设施、监管等统一；另一方面，通过持续破除地方保护、市场分割等突出问题，规范不当市场竞争和市场干预行为。此外，深圳、上海浦东新区等地持续推进重大改革试点，多项先行先试的改革举措也主要涉及强化基础制度领域的制度建设，着力突出改革试点的突破带动和示范引领作用。

全面完善产权保护制度，持续强化产权激励机制

构建高水平社会主义市场经济体制，要求健全归属清晰、权责明确、保护严格、流转顺畅的现代产权制度，这是高水平的题中之义和重要支撑。现代产权保护制度以公平为原则，是依法平等保护国有、民营、外资等各种所有制企业产权的完整制度体系。一方面，国企改革三年行动任务顺利完成，进一步完善了以管资本为主的经营性国有资产产权管理制度。另一方面，加快推进《民营经济促进法》的立法进程，从制度和法律上把"平等对待"的要求落实，全面依法平等保护民营经济产权，依法严肃查处各类侵害民营企业合法权益的不当行为。

《中华人民共和国民法典》在中国特色社会主义法律体系中占据重要位置，体现了鲜明的中国特色、实践特色与时代特色。《中华人民共和国民法典》着力维护基本经济制度，促进公有制与市场经济的有机结合。加快建设全国统一大市场要求完善统一的产权保护制度，涉及健全统一规范的涉产权纠纷案件执法司法保护机制，强化执法司法协同，规范执法领域涉产权强制

措施的规则与程序等。在法治实践中，通过完善涉及企业的产权案件申诉、复核、重审等保护机制，推动依法甄别和纠正涉企冤错案并形成常态化机制，进而更加有效地依法保护企业产权及企业家人身财产安全。

从深化传统要素如土地产权制度改革来看，需要持续完善农村承包地"三权分置"制度，深化农村集体产权制度改革，不断完善产权权能。从新型要素即数据、知识、环境等领域产权制度建设来看，近年来步伐明显加快，包括细化了知识产权创造、运用、交易、保护制度规则，强化新领域新业态知识产权保护，建立了知识产权侵权惩罚性赔偿制度，同时创新了知识产权诉讼制度，畅通知识产权诉讼与仲裁、调解的对接机制。有的地区在努力探索跨区域知识产权共管共治，进一步推动知识产权保护的协同治理。

健全统一的市场准入制度，着力提升市场准入效能

我国持续强化市场准入制度的顶层设计，努力推动构建更加开放透明、规范有序、平等竞争、权责清晰、监管有力的市场准入制度新体系。在全国范围实施市场准入负面清单制度，推动市场准入管理模式实现重大转变。全国统一的市场准入制度的核心特征，是严格落实"全国一张清单"管理模式，严禁各地区或部门自行发布具有准入性质的清单或文件，有力维护市场准入负面清单制度的统一性与权威性。

就持续完善市场准入制度体系而言，我国建立了市场准入负面清单动态调整机制，2019~2025年已经4次修订了全国清单；以服务业为重点在部分城市试点进一步放宽准入限制，已经出台了针对海南、深圳、横琴粤澳深度合作区、浦东新区、广州南沙等地的放宽市场准入特别措施，不断优化新业态新领域准入环境。同时，在全国范围开展违背市场准入负面清单的典型案例排查工作，着力清理各类妨碍公平准入的显性或隐性市场壁垒，以企业诉求和民生关切为导向，集中清理破除一批涉及市场准入环节的不当干预行为。

就提升市场准入效能而言，建立健全市场准入评估制度，稳步推进准入效能评估工作至关重要。云南、福建、宁夏等试点省区市已经陆续编制市场准入效能评估指标体系并组织评估试点，相关试点经验将适时在全国更大范围内推广。

强化竞争政策基础地位，维护统一的公平竞争制度

市场经济的繁荣与有序是相辅相成的，要促进发展与依法监管并重，坚持鼓励竞争和反对垄断的立场，辩证处理好市场活力与秩序的关系。首要是通过深化垄断行业改革，推进能源、铁路、电信、公用事业等行业竞争性环节市场化改革，切实放开竞争性业务准入，充分引入市场竞争机制，并加强对自然垄断环节的经济性规制和社会性规制。

就反垄断法治建设而言，重点是贯彻落实好新修改的《中华人民共和国反垄断法》以及《公平竞争审查制度实施细则》等法律法规，尤其是强化公平竞争审查制度的刚性约束，持续完善重点领域和行业性审查规则和机制，统一规范审查标准和程序，引入第三方审查和评估机制，切实提高审查效能。统筹做好增量审查和存量清理，确保将妨碍全国统一市场和公平竞争的存量政策和不当干预行为"应清尽清"。

就健全公平竞争制度框架和政策实施机制而言，关键是切实加强公平竞争政策与产业政策的协调保障，优化产业政策实施方式，强化覆盖事前事中事后全环节的竞争政策实施。加快推进修订《中华人民共和国价格法》，同时，及时开展市场竞争状况评估，建立违反公平竞争的问题举报绿色通道和处理反馈机制，确保把对各类经营主体一视同仁、平等对待的要求落到实处。

近年来，在全社会范围培育和弘扬公平竞争文化，强化反垄断和反不正当竞争执法效能，取得了积极进展。我国企业的反垄断合规意识持续增强，涌现出不少值得推广的经验做法，相关部门及时修订了《经营者反垄断合规指南》，进一步激励企业自觉强化合规的意识和行为，有利于营造公平竞争的社会环境。

构建统一的社会信用体系，加强基于信用的新型监管

市场经济本质特征之一是信用经济，为了夯实社会主义市场经济运行的信用基石，需要加快推进社会信用立法，不断健全信用法律法规和标准体系。加快建设全国统一大市场明确要求健全统一的社会信用制度，要形成覆盖全部信用主体、所有信用信息类别、全国所有区域的信用信息网络。有关部门

编制并发布了《全国公共信用信息基础目录》和《全国失信惩戒措施基础清单》，有力推动社会信用体系高质量发展。近年来，在全国范围加强公共信用信息同金融信息的共享整合机制，通过推进全国一体化融资信用服务平台网络建设，切实提升了中小微企业融资便利度。

在完善社会信用体系方面，需要推动有效市场和有为政府更好结合。一方面健全覆盖全社会的征信体系，培育具有全球话语权的征信机构和信用评级机构，推动信用服务市场有序健康发展。另一方面推动政府部门信用信息向经营主体有序开放，同时强化政务诚信监测治理和失信追责，特别是通过完善政府诚信履约机制，持续优化民营经济发展环境。政府"有形之手"发挥作用的主要方面还在于加快健全以信用为基础的新型监管机制。综合评价各类企业信用状况，以信用风险为导向优化监管资源配置，在食品药品、安全生产等重点领域推进信用分级分类监管，着力提升监管效能。

各地方在完善社会信用体系方面的实践中也积累了不少成功经验。例如，加强信用信息归集、共享、公开和应用，推广惠民便企信用产品与服务，持续实施好"信易贷"等"信易+"工程；全面推广信用承诺制度，因地制宜完善信用承诺相关信息的归集以及公示应用流程；积极支持经营主体信用重塑，完善失信主体信用修复机制。

顺应趋势完善扩大消费长效机制 *

消费是拉动经济增长的基础性力量。2024年，最终消费支出对我国经济增长的贡献率为76.2%，是经济增长第一拉动力，但总体上国内有效需求仍然不足，需以提振消费为重点扩大国内需求。党的二十届三中全会审议通过的《中共中央关于进一步全面深化改革、推进中国式现代化的决定》提出，"加快培育完整内需体系""完善扩大消费长效机制"。我国经济已由高速增长阶段转向高质量发展阶段，社会消费需求呈现日益个性化、多样化、品质化的升级趋势，反映出人民群众对美好生活的向往和追求。持续扩大消费，必须把握消费结构升级方向，建立消费需求长期稳定可持续增长的有效制度体系，使居民有稳定收入能消费、没有后顾之忧敢消费、消费环境优获得感强愿消费。

多重因素促进消费结构升级

随着我国发展阶段变化，居民的消费理念和消费方式也发生深刻变化，消费从以物质型消费为主向以服务型消费为主升级的趋势明显，数字消费、文化消费、绿色消费、健康消费的市场潜力得到进一步释放。消费结构升级的趋势性特征，既与科技创新引领产业创新创造新场景、激发新消费活力有关，也与国民收入和生活水平提高、消费群体结构变化等密切相关。

新一轮科技革命和产业变革促进新型消费发展壮大。5G、人工智能、工业互联网、物联网、数据中心等新一代信息技术加速释放新型消费潜能，形

---

* 作者郭丽岩，本文原载于《经济日报》2024年8月21日，此次出版更新了年度数据。

成新的经济增长点。物联网与汽车、家电、手机、住宅等结合在一起,能够提供多样化、品质化服务的智能终端,促使智能网联汽车、智慧家居、智慧健康等应用新场景得到广泛推广。智能硬件不断升级、智能服务快速普及和持续迭代,将推动智能化市场以几何级数增长,并以数智化技术赋能提升传统消费,为经济高质量发展创造有力的需求支撑。

国民收入和生活水平提高推动消费需求结构升级。2024年,我国人均国内生产总值为95749元,比2023年增长5.1%,总体达到中等偏上收入国家水平。从国际经验看,随着人均收入水平提高,居民消费能力持续提升,消费需求结构亦将同步升级。当前,我国居民消费需求已经逐渐从注重数量转向追求质量、从生存型消费转向发展型和享受型消费、从以物质型消费为主转向以服务型消费为主。2024年,我国人均服务性消费支出占居民人均消费支出的比重为46.1%,未来该比重将继续上升,文旅、体育、健康休闲等能够提供情绪价值和满足感的服务消费将受到更多青睐。

不同年龄层次构成的梯度消费格局要求更好匹配和满足多样化需求。不同年龄层次消费者的偏好和购买力不同。人口老龄化趋势明显,银发经济和育幼消费等不同年龄层次的消费需求更趋多样化,对绿色、健康、安全消费提出更高要求。"50后""60后"推动养老、医疗健康等老龄群体消费需求快速增长;"70后""80后"更加注重健康养生、休闲娱乐;"90后"普遍开始组建家庭,成为新型消费的主力人群,教育培训、文化娱乐和家庭服务等需求旺盛;更加年轻的"Z世代"消费者偏好社交、直播等个性化、差异化、体验感和服务感强的消费模式。主力消费群体的更替和偏好改变加速了传统消费向新型消费升级,只有围绕各个群体的消费需求精准发力,才能更好满足人民日益增长的美好生活需要。

把握升级趋势关系全局和长远利益

消费结构升级变化体现了人民对美好生活向往的主流方向,会带来社会生活方式、生产方式、商业模式的深刻变革,把握消费结构升级趋势关系经济社会发展全局和长远利益。

结合新型城镇化和人口老龄化发展趋势,聚焦人民群众尚未被满足的美好生活需要和尚待激发的潜在需求，应千方百计满足既有需求和创造新需求，增强扩大内需的后劲和动力。短期来看，更好满足居民家庭多样化品质化需求，是加速释放重点群体消费潜能的重要抓手，有助于实现扩内需、稳增长的目标；中长期来看，可以有效发挥消费牵引作用，以消费结构升级为导向推动产业高端化、智能化、绿色化，促进投资结构优化升级，塑造新动能新优势，形成以新消费引领新供给、以新供给创造新需求的良性循环，从而推动经济发展方式转变。

此外，满足多样化、品质化消费需求有助于增强国内大循环的可靠性和国际循环质量。构建新发展格局的关键在于实现经济循环的畅通无阻，能否实现主要取决于供给和需求两端是否动力强劲、动态平衡、良性互动。消费既是国民经济循环的终点也是新的起点。增强居民消费能力、稳定消费预期和优化消费环境，有助于促进消费结构转型升级、提高消费层次、培育壮大消费新业态新模式，充分发挥我国超大规模市场优势，更好畅通国内大循环。同时，还要着眼于世界市场需求，以国际经贸交流合作加速国内外市场消费潜能同步释放，实现互惠共赢。更好满足消费结构升级需求，需要通过加快建设高标准市场体系，破除市场流通与消费的体制机制障碍，促进内外贸规则制度衔接融合、内外产业深度融合创新，增强国内和国际市场的联动效应，不断提升国际循环的质量和水平。

完善长效机制充分释放内需潜力

当前，更好满足多样化、品质化消费需求仍存在一些难点堵点，例如高质量供给不足、品牌与市场环境吸引力还不够、消费者权益保障方面仍待加强等，需要进一步全面深化改革，完善扩大消费长效机制，既着力扩大有效需求，又优化供给结构和水平，充分释放内需潜力。

一是以产业升级提升供给质量，促进供需在更高水平上实现动态均衡。推动新经济和新市场形态融合发展，加速推进部分关键核心技术的商业化应用，着力打造顺应消费结构和品质升级的高标准市场体系。增加优质供给，创新消费场景，引导生产企业主动延伸价值链，由制造和销售产品、售后维修等低附加值环节向个性化定制、综合解决方案提供、智能信息服务等高附加值环节转型。加强供给和消费衔接，推动制造业高端化智能化绿色化发展，提升传统消费，培育数字消费，大力发展服务消费。顺应升级趋势，规范清理市场准入隐性壁垒，充分挖掘和释放养老、育幼、教育、医疗、文化、旅游等的市场潜能。

二是持续优化就业、收入分配和消费全链条良性循环促进机制。只有稳定收入预期，消费才有内生动力。要多渠道增加居民收入，增强中低收入群体的消费能力和意愿，健全工资合理增长机制，完善薪酬激励机制，提高低收入群体购买力。完善收入分配和就业制度，构建初次分配、再分配、第三次分配协调配套的制度体系，加大税收、社保、转移支付等调节力度和精准性，健全社会保障体系。优化公共服务和消费环境，加强消费者权益保护，健全信用监管体系和提升监管能力，维护市场竞争秩序。持续优化和改善金融服务，加大对新型消费的金融支持，不断提升服务水平。

三是以品牌、标准、质量为引领和支撑，推进商品和服务市场高水平统一。构建全国统一大市场，强调质量优先，持续巩固和增强建设高标准市场体系行动、建设质量强国和品牌中国的成效，着力推动产权保护、信息披露、市场准入、社会信用等制度规则统一、市场监管公平统一和市场设施高标准联通。以品牌创新为引领，提供更多高质量产品和高品质服务，强化自主品牌的国际影响力。推动人工智能等数字技术的广泛应用，构建线上线下密切配合、兼顾安全与质量的包容审慎的监管机制。同时，瞄准绿色化智能化方向推动大规模设备更新和消费品以旧换新，增强消费品质化升级的内在潜力。

四是坚定不移深化改革开放，提升国内国际市场联动效应。充分发挥经济体制改革的牵引作用，完善市场经济基础制度，破除束缚新质生产力发展的堵点卡点，充分激发经营主体活力动力。在推动"中国智造"更好服务于全球消费者的同时，也大力支持国外投资者和企业来华投资兴业，通过国内国际产业链融合创新，提供更多高端优质产品。统筹推进自贸试验区建设，继续办好进博会、服贸会、消博会等，构建全方位、多层次、宽领域的高水平对外开放新格局，吸引更多海外优质品牌和商品进入中国市场，进一步增强国内国际市场联动效应。

第三篇
学习贯彻中央经济工作会议精神

科学把握稳中求进、以进促稳、先立后破 *

实现经济持续健康发展，不仅要有正确思想和政策，而且要有正确工作策略和方法。稳中求进工作总基调是治国理政的重要原则，也是做好经济工作的方法论。党的十八大以来，历次中央经济工作会议坚持稳中求进工作总基调，并针对经济工作的新情况作出完善。2023年底召开的中央经济工作会议强调，要坚持稳中求进、以进促稳、先立后破。这体现了对"稳"和"进"、"立"和"破"辩证关系的深刻把握，为做好2024年经济工作提供了科学遵循。

做好经济工作的重要要求

坚持稳中求进、以进促稳、先立后破，是做好当前经济工作的重要要求。巩固和增强经济回升向好态势，要把握好经济工作总基调，切实增强经济发展动力、防范化解风险、改善社会预期，持续推动经济实现质的有效提升和量的合理增长。

实现经济平稳健康发展的重要路径。我国经济发展正处于新旧动能转换和产业结构升级的关键时期，新技术、新业态、新模式层出不穷，新动能不断积蓄，新产业发展壮大，是一个爬坡的过程。在这一过程中，各地要结合要素禀赋结构、比较优势特征和产业发展基础，充分考虑新旧动能转换的速度和节奏，既要防止旧动能退出过慢、挤占新动能发展空间而导致经济发展

---

* 作者郭春丽，本文原载于《新华文摘》2024年第7期。

进程缓慢，又要防止旧动能退出过快、新动能不能及时接续而造成负面影响。要坚持稳中求进、以进促稳、先立后破，统筹协调、有序推动新动能发展和落后产能退出，在高新技术产业、战略性新兴产业等新动能全面壮大之前，资源型产业等传统动能不能过快退出。实现经济增长由要素驱动向创新驱动转变，持续释放内需新潜能，推动经济社会发展绿色低碳转型，必须坚持稳中求进、以进促稳、先立后破，在经济平稳运行中实现高质量发展。

有效防范化解重点领域风险的必然选择。当前，房地产、地方债务、中小金融机构等重点领域风险相互关联，成为影响我国经济金融系统稳定运行的重要风险源。统筹化解风险要坚持稳中求进、以进促稳、先立后破，以房地产市场的"稳"来支撑和推动房地产、地方债务和中小金融机构风险化解的"进"，以建立房地产发展新模式的"进"来促进房地产市场的"稳"。化解地方债务风险，要在"稳"的前提下，加快推进重点地区风险出清和中高风险平台处置，牢牢守住不发生系统性风险的底线。处置中小金融机构风险，要尽快建立健全市场化、法治化、规范化的全流程干预处置机制，在稳定大局的前提下扎实稳妥化解风险，避免风险集中暴露和交叉感染、引发更大范围的系统性风险。

稳定社会预期的现实要求。眼下，我国社会预期依然偏弱，企业存在不愿投、不敢投现象，居民消费意愿不够强，成为制约经济回升向好的关键问题。预期的形成是经营主体接受外部信息不断调整先验判断的学习过程，也是自我实现的正反馈过程。为改善市场预期、提振市场信心，就需要坚持稳中求进、以进促稳、先立后破，以重大改革和高水平对外开放的"进"来稳增长、促发展，增强各方对我国经济回升向好、长期向好趋势的信心和底气，激发民营企业内生动力和创新活力，增强外资企业在华发展信心，提升居民能消费、愿消费、敢消费的信心和能力，从根本上扭转社会预期偏弱的局面，形成"社会预期改善—经济回升向好—信心动力增强"的良性循环，巩固和增强经济回升向好态势。

把握辩证关系是关键所在

我们的事业越是向纵深发展，就越要不断增强辩证思维能力。把握好

"稳"和"进"、"立"和"破"的辩证关系,是当前做好经济工作的关键所在。

把握好"稳"和"进"的辩证关系,以"稳"为基础推动"进",以"进"为动力实现"稳"。习近平总书记在2016年中央经济工作会议上指出,稳是主基调,稳是大局,在稳的前提下要在关键领域有所进取,在把握好度的前提下奋发有为。这阐明了"稳"和"进"的辩证关系。稳是大局和基础、进是方向和动力。只有把握"稳"的关键点,找准"进"的切入口,处理好"稳"和"进"的辩证关系,着力夯实"稳"的基础、持续增强"进"的动能,才能推动经济实现质的有效提升和量的合理增长。当前我国经济回升向好仍然是恢复性的,进一步推动经济回升向好需要克服一些困难和挑战,要处理好"稳"和"进"的关系,在保持经济社会大局稳定的基础上谋求"进",稳住宏观经济大局,稳住产业链供应链完整性,稳住能源等初级产品供给,在经济回升向好、社会稳定发展的基础上,为"进"创造良好环境。与此同时,在转方式、调结构、提质量、增效益上积极进取,通过优化经济结构、提升发展质量、推进重大改革等方面的"进",不断推动经济持续健康发展。

把握好"立"和"破"的先后顺序,该"立"的要积极主动地"立"起来,在"立"的基础上坚决地"破"。"立"和"破"是辩证统一的,在"破"与"立"中前进是事物发展的基本规律,但在逻辑顺序上有"先破后立"和"先立后破"两种工作方法。强调"先立后破",该"立"的积极主动"立"起来、该"破"的在"立"的基础上坚决"破",可以更好兼顾当前和长远,确保经济社会发展的连续性和稳定性。"立"字当头、"先立后破",也是更好实现"稳"和"进"的重要方法,这对仍处于经济恢复关键阶段的我国而言,尤为重要。旧动能退出必须建立在新动能成长壮大之后。无论是化解风险、调整政策还是推动改革开放,都要把握好时度效,坚持先立后破,不能脱离实际、急于求成,影响社会预期。

明确需推动的重点工作

在深化新时代做好经济工作规律性认识的基础上,我们要找准工作重点,继续夯实"稳"的基础、更多激发"进"的动能,先立后破,切实增强经济活力、防范化解风险、改善社会预期,推动经济回升向好。

一是加大宏观调控力度。强化宏观政策逆周期和跨周期调节,多出有利于稳预期、稳增长、稳就业的政策,谨慎出台收缩性、抑制性举措,发挥好宏观政策空间大的优势,营造宽松适度的政策环境。积极的财政政策要适度加力、提质增效,用好增发国债、地方政府专项债等政策工具,加大财政资金统筹力度,适度增加财政支出规模,更好发挥拉动内需、促进经济循环的作用;落实结构性减税降费政策,增强政策精准性和针对性,加强对科技创新和制造业发展的支持。稳健的货币政策要灵活适度、精准有效,保持流动性合理充裕,引导金融机构加大对科技创新、绿色转型、数字经济等方面的支持力度。要增强宏观政策取向一致性,加强财政、货币、就业、产业、区域、科技、环保等政策协调配合,把非经济性政策纳入宏观政策取向一致性评估,强化政策统筹协调,确保协同发力、增强合力,避免出现合成谬误、分解谬误。

二是推动新旧动能有序转换。要将科技创新和产业高质量发展作为新旧动能转换的主战场。一方面,大力推进高水平科技自立自强,健全新型举国体制,加快新能源、人工智能、生物制造、绿色低碳、量子计算等前沿技术研发和应用推广,开辟发展新领域新赛道。以科技创新推动产业创新,打造一批具有国际竞争力的战略性新兴产业集群,加快发展数字经济,布局一批未来产业,大力发展新质生产力,培育壮大新动能。另一方面,广泛应用数智技术、绿色技术,加快传统产业转型升级,逐步淘汰落后产能。同时,要做好安全发展这篇大文章,实施制造业重点产业链高质量发展行动,提升产业链供应链韧性和安全水平。

三是推动消费与投资良性循环。深入实施扩大内需战略,激发有潜能的消费,扩大有效益的投资,形成消费和投资相互促进的良性循环,发挥好超大规模市场和强大生产能力的优势,使国内大循环建立在内需主动力的基础上。适应消费升级趋势,培育壮大新型消费,积极培育智能家居、文娱旅游、体育赛事、国货"潮品"等新的消费增长点,提振新能源汽车、电子产品、家电等大宗消费,推动消费从疫后恢复转向持续扩大。以消费扩大方向确定投资的重点领域，发挥好政府投资的带动放大效应，优化投资结构和扩大投资空间。同时，充分发挥各地区比较优势，优化重大生产力布局，加强国家战略腹地建设，推动以县城为重要载体的新型城镇化建设，在推动城乡区域协调发展中挖掘内需潜能。

四是积极主动防范化解重点领域风险。坚持系统观念，统筹化解房地产、地方债务和中小金融机构等风险，坚决守住不发生系统性风险的底线。要稳定房地产市场，完善房地产金融宏观审慎管理，一视同仁满足不同所有制房地产企业合理融资需求，因城施策支持刚性和改善性住房需求，稳妥处置房企风险，实施好"三大工程"建设，构建房地产发展新模式，建立"人、房、地、钱"要素联动的新机制。加大存量隐性债务化解力度，坚决防止新增隐性债务，健全化债长效机制，有效防范化解地方债务风险。完善金融风险防范、预警和处置机制，加快金融稳定保障基金建设，有序推进中小金融机构改革化险。统筹风险化解与稳定发展的关系，债务风险高的地区要边化债边发展，在债务化解过程中找到新的发展路径；债务风险较低的地区要在高质量发展上能快则快，特别是经济大省要真正挑起大梁，为稳定全国经济作出更大贡献。

五是统筹推进深层次改革和高水平开放。要以更大的决心和力度推进市场化改革、扩大高水平开放，提振社会信心、强化社会预期。聚焦落实"两个毫不动摇"、要素市场化配置和财税金融体制等重点领域，包括深化国资国企改革、促进民营经济发展壮大、构建全国统一大市场等，谋划全面深化改革重大举措，为推动高质量发展、中国式现代化建设注入稳定预期和强大动力。对标国际高标准经贸规则，稳步扩大规则、规制、管理、标准等制度型开放，持续营造市场化、法治化、国际化一流营商环境，提升贸易投资合作质量和水平，加快培育外贸新动能，稳住外贸外资基本盘。

提高宏观调控前瞻性针对性有效性 *

中央经济工作会议提出，充实完善政策工具箱，提高宏观调控的前瞻性、针对性、有效性。宏观调控的前瞻性、针对性、有效性是一个有机整体，贯穿政策制定、实施、产生效果的全过程。前瞻性是指在政策制定时要充分评估预判经济的长期趋势性变化和各类风险挑战，提前研究储备政策，达到引导社会预期和稳定经济的目的；针对性是指能够精准识别经济运行中的具体矛盾和关键问题，从而采取有针对性的政策措施，提高政策效果；有效性是指政策能够达到预期效果。提高宏观调控的前瞻性、针对性、有效性，既是健全宏观经济治理体系的重要内容，也是推动经济持续回升向好和高质量发展的必然要求。

经济持续稳定健康发展的迫切需要

党的十八届三中全会通过的《中共中央关于全面深化改革若干重大问题的决定》明确提出，宏观调控的主要任务是保持经济总量平衡，促进重大经济结构协调和生产力布局优化，减缓经济周期波动影响，防范区域性、系统性风险，稳定市场预期，实现经济持续健康发展。提高宏观调控的前瞻性、针对性、有效性，对短期经济稳定、长期结构调整和风险防范化解具有重大战略意义。

我国发展进入战略机遇和风险挑战并存、不确定和难预料因素增多的时期，各种"黑天鹅""灰犀牛"事件随时可能发生。国际上，贸易保护主义

---

* 作者郭春丽，本文原载于《经济日报》2025年2月25日。

再起、地缘政治冲突频发，全球动荡源和风险点明显增加，外部环境变化带来的不利影响加深。国内有效需求不足，人口老龄化加速带来的影响日益加深。宏观调控要充分考虑内外部的风险挑战，前瞻性研究储备、针对性谋划制定、有效发布实施一批政策，这样不仅可以科学应变、灵活应对国内外风险挑战给经济运行带来的冲击，保持国民经济平稳健康运行，而且可以主动求变、化危为机，为经济持续稳定增长打出政策"提前量"，为应对风险挑战提供"缓冲区"。

眼下，我国正处在经济结构转型的关键阶段，周期性、结构性和体制性矛盾相互交织，制约经济持续稳定发展既有短期问题也有长期问题，既有总量问题也有结构问题。推动经济高质量发展，不仅需要稳定经济大盘，还要促进新旧动能转换、结构调整优化，从而推动经济实现质的有效提升和量的合理增长。宏观调控要兼顾短期和中长期均衡，在关注经济周期性问题的同时，更加关注中长期的结构性和趋势性变化，在提升前瞻性、针对性、有效性上下功夫，这是推动经济高质量发展的迫切要求。

伴随着我国经济结构深度调整、存量经济影响加大等显著变化，居民、企业和地方政府等主体的经济行为模式深刻变化，宏观经济运行和政策传导机制也随之发生变化，对创新宏观调控方式提出新要求。紧盯经济社会发展中面临的需求不足、部分企业生产经营困难等突出矛盾，提高宏观调控的前瞻性、针对性、有效性，引导微观主体形成关于经济政策走向和经济趋势的合理预期，不仅可以达到稳定社会预期、增强市场信心的目的，还有助于减小微观主体预期偏差，提高宏观政策调控效果。

丰富宏观经济治理体系内涵

提高宏观调控前瞻性、针对性、有效性，体现了创新和完善宏观调控的新方向、新要求和新举措，不仅进一步丰富了宏观经济治理体系的内涵，而且具有鲜明的实践指向。

我国发展经验表明，面对经济运行变化，既要保持战略定力，推动经济发展沿着正确方向前进，又要未雨绸缪，精准研判、妥善应对经济领域可能出现的重大风险。提高宏观调控的前瞻性，是根据国内外环境变化和形势发展需要，并充分考虑各类风险挑战，做好重大政策的预研谋划、提前部署，实现超前发力。宏观调控如果过度关注短期目标，容易导致政策超调和变动频繁，透支未来政策空间，不利于经济长远发展。而前瞻性的宏观调控不局限于应对经济短期波动，还着眼于中长期发展趋势、发展目标和面临的风险挑战，综合采用总量政策、结构政策和改革政策，推动逆周期和跨周期调节相结合、总量调控和结构调整相结合、需求管理和供给管理相结合、短期应对措施和长期制度建设相结合，从而实现短期调控目标和中长期发展目标相统一。提高宏观调控的前瞻性，相当于在更长时段内为经济运行引入了确定性因素，可以有效提振社会信心和预期。2024年第二季度、第三季度我国经济增速放缓，经济下行压力较大，党中央因时因势加强宏观调控，9月26日中央政治局会议部署"一揽子"增量政策，推出一批超出市场预期的政策，极大地提振了信心、激发了活力，不仅有力促进第四季度GDP增速回升，还为2025年乃至更长时间经济平稳运行和高质量发展注入"强心剂"。

近年来我国经济发展面临的问题既有周期性、结构性矛盾，也有体制性障碍，各种矛盾交织增加了宏观调控的复杂性。提高宏观调控的针对性，就是要直面制约经济发展的症结，找准主要矛盾和矛盾的主要方面，渐次有序、有的放矢、精准发力解决各类矛盾问题。保持经济稳定增长是宏观调控的核心目标和任务之一。受疫情影响，我国潜在经济增长率受损，经济下行压力加大，尤其是名义经济增长速度由于价格因素而出现一定下滑。提高宏观调控的针对性要把稳定经济增速放在重要位置，当前形势下尤其要稳定名义经济增长速度，从而促进居民就业、收入和财政收入增长。稳定经济增长速度，还需紧盯当前经济社会发展中的痛点难点问题，长短结合、标本兼治研究出台针对性的政策措施。在存量经济特征越来越明显的背景下，稳定经济增速还需充分考虑存量经济的影响，探索将宏观资产负债表管理纳入宏观调控。另外，在外部环境大幅动荡和我国经济深度转型形势下，社会公众对全球经济形势、我国经济运行趋势和政策走势的关注度、敏感度不断提升，稳定经济增速还需将稳定社会预期放在重要位置。

宏观调控是否有效，既与制定政策是否科学合理有关，更与政策落实密切相关。提高宏观调控的有效性，应把握好政策制定出台的时度效和政策之间的协调一致性，优化政策工具和政策组合，更高效率地推动各项政策落实到位，提高宏观调控效果。宏观调控的有效性既体现在单个政策的效果，也集中体现在政策的整体效果。就单个政策而言，政策是否务实管用，出台的时点、力度和节奏是否合理，是影响政策效果的关键。就整体政策而言，政策取向是否一致、是否协同发力至关重要。近年来，在客观环境变化、信息共享不充分等影响下，部分政策力度和进度不及预期，部分地区落实政策不到位，都影响着宏观调控效果。提高宏观调控的有效性还需考虑政策在地区之间的差异性，各地发展阶段、资源禀赋和发展基础不同，一刀切的宏观政策难以取得预期效果。在逆全球化暗流涌动，民粹主义、单边主义抬头的多重挑战下，提高宏观调控的有效性还需考虑国际政策溢出效应对我国的冲击。

坚持前瞻分析、精准施策、协调创新

提高宏观调控的前瞻性、针对性、有效性，应按照供给与需求相平衡、总量平衡与结构优化相协调、短期运行与中长期发展相衔接、中央调控与地方实施相一致、国内调控与参与国际治理相协同的思路，加快实施跨周期调节和逆周期调节，推动宏观调控前瞻谋划、精准施策和协调配套。

加强分析预测和预期引导，提高宏观调控的前瞻性。加强对国内外中长期经济形势的前瞻性研究和预测研判，利用大数据分析、人工智能分析、大模型分析等新技术手段加强经济监测预警，提前发现经济运行中的潜在问题和风险，在把握好政策设计中短期需求和未来空间的基础上，实施跨周期调节，提高宏观调控的科学性和预见性。发挥国家发展规划的战略导向作用，推动宏观调控的短期目标与发展规划确定的中长期目标相协调，并根据经济形势变化加强政策预研储备，做到提前布局、靠前发力。发挥前瞻性调控的预期引导功能，通过发布经济预测、进行政策宣传解读等方式，及时向社会公布政策目标、政策工具和政策预期效果，提高预期管理的主动性、前瞻性和有效性。加强对主要经济体宏观经济政策的前瞻研判，加强国际政策协调，有效防范其他国家相关政策的外溢效应。

坚持目标导向和问题导向，提高宏观调控的针对性。紧盯经济稳定增长这个目标，加大超常规逆周期调节力度，同时推进供给侧有效管理，推动经济增速尤其是名义经济增速稳定回升。针对制约当前经济持续回升向好的一系列矛盾和问题，持续加力出台政策，同时加快研究部署一批有利于拓展宏观政策发力空间、发展新质生产力、激发市场活力，经济增长效应明显、可感可及的改革措施，实现宏观政策和改革措施同频共振、同向发力。顺应存量经济对宏观调控影响加大的形势，探索将宏观资产负债表管理融入宏观经济治理，推动做优增量和盘活存量的政策协同发力，形成存量经济与增量经济共同推动经济持续回升向好和高质量发展格局。围绕预期偏弱问题，进一步加强对新形势下微观主体行为方式、经济运行逻辑和政策传导机制的分析研判，提高政策制定和预期管理的针对性。

强化政策创新和政策协调，提高宏观调控的有效性。科学研判宏观经济大势和微观主体政策需求，合理确定政策出台时机、力度和节奏，建立健全政策有序退出机制，做好新旧政策的衔接。增强宏观政策取向一致性，把经济政策和非经济性政策都纳入宏观政策取向一致性评估，健全"政策出台前评估—实施中跟踪分析—实施效果反馈调整"的全链条动态化评估调整机制，强化政策统筹，确保同向发力、形成合力。在坚定不移落实中央统一部署的同时，做好因地制宜、分类施策。此外，还要创新政策宣传解读工作，以易懂的语言、合理的方式，在合适的时机向社会公众准确说明政策意图，及时了解不同类型微观主体的政策诉求并作出回应，提高宏观政策实施效果。

增强宏观政策取向一致性提升治理效能*

现代化建设新征程上，我国坚持稳中求进工作总基调，着力完善目标优化、分工合理、高效协同的宏观经济治理体系，不断丰富政策工具箱，有效提升宏观经济治理效能，扎实推动了经济社会高质量发展。2025年是"十四五"规划收官之年，外部环境变化带来的不利影响增多，国内有效需求潜力尚待释放，需以自身高质量发展的最大确定性应对国际政治经济格局变化的不确定性，统筹好政策制定和执行全过程，增强宏观政策取向一致性，为经济持续向好提供有力支撑。

在多重目标中寻求动态平衡

持续优化经济结构、畅通国民经济循环、建设美丽中国、统筹发展和安全是衡量经济治理效能的多重维度。只有加强全面谋划，在多重目标中寻求动态平衡，打好政策"组合拳"，才能不断提高经济治理的整体效能。

实现逆周期和跨周期调节相结合，有效衔接短期目标与中长期目标。2024年第四季度以来，我国出台了"一揽子"增量政策，宏观政策加大逆周期调节力度，有效对冲了经济下行压力。所谓"'一揽子'增量政策"，是指更好兼顾当前与长远、总量与结构的完整政策体系，既有利于短期稳增长，又能激发中长期经济高质量发展的潜力动能，既是为了应对当前困难和压力，更是锚定现代化强国目标，确保经济基本面长期持续向好。2025年的《政府工作报告》提出国内生产总值增长预期目标是5%左右，这个目标不仅考虑

---

* 作者郭丽岩，本文原载于《经济日报》2025年3月19日。

到当前经济潜在增速水平和支撑条件，而且与"到2035年人均国内生产总值达到中等发达国家水平"的远景目标作了衔接。只有努力确保宏观经济运行在合理区间，创造更多就业岗位，带动居民家庭普遍增收，持续改善企业利润水平，才能切实稳定社会预期、提振信心。

聚焦需求侧管理和供给侧结构性改革，实现供需更高水平动态平衡。供给和需求是市场经济内在关系中相互依存的两个方面，供给规模扩大与结构优化要以需求变化为导向，需求的实现又依赖供给。我国拥有全球规模最大、最具成长潜力的中等收入群体，消费需求潜能大，亟待通过全方位扩大内需，并以有效投资带动生产要素创新性配置，增加绿色低碳、安全优质的新供给，实现供需更高水平动态平衡。展望"十五五"时期，需抓住服务消费潜力加快释放的契机，进一步破除各类市场准入壁垒，综合运用财税、金融等政策，增加优质服务供给，更好满足人民群众多元需求。

协同推进降碳减污扩绿增长，加快经济社会发展全面绿色转型。近年来，我国绿色低碳发展取得明显进展，衡量绿色转型的指标持续向好，可再生能源发电总装机占比超过50%，2024年全国万元GDP二氧化碳排放同比下降3.4%。但客观上，绿色发展面临的外部环境依然复杂，国内能源结构偏煤、产业结构偏重、环境约束偏紧等问题仍然存在。宏观政策上要聚焦加力推动绿色低碳技术突破，促进优质要素向绿色生产力方向汇聚，为经济社会发展全面绿色转型提供更强劲的动能。例如，"两新"政策就是一项体现经济发展与生态保护目标统一性的举措，通过推动设备更新和消费品以旧换新，开展回收循环利用行动和标准提升行动，对扩大有效投资、提振居民消费、加快绿色转型有综合带动效应。

促进国内循环和国际循环有机结合，增强国内国际市场联动效应。支撑我国高质量发展的市场空间，不只是超大规模的国内市场，还有广阔的国际市场，只有促进内外部产业链供应链深度融合创新，增强国内国际市场的联动效应，才能进一步增强国内大循环内生动力、提升国际循环质量和水平。从宏观调控的角度看，加快构建全国统一大市场，建设更高水平开放型经济新体制，有助于优化生产力布局，实现市场机制高效运行与政府作用精准发力之间的协调统一。为此，需以构建全国统一大市场激活内需潜力，营造市场化、法治化、国际化一流营商环境，以开放汇聚更大的创新之势和合作之力，为经济稳定增长创造更多有利条件。

统筹高质量发展和高水平安全，实现发展和安全的动态平衡。当前和今后一个时期，我国经济发展面临的国际环境和国内条件都在发生深刻复杂变化，全球经济增速放缓，地缘政治冲突频发，我国也处在经济结构转型的关键阶段，结构性、周期性问题相互交织。为了应对外部的不利影响，需要加大逆周期调节力度，增强政策之间的协同性，兼顾多重目标，统筹好粮食安全、产业链供应链安全、金融安全等，更好发挥政策集成优势，以确保宏观经济治理发挥最大效能，更好实现发展和安全的动态平衡。

坚持系统观念强化政策协同

稳妥把握多重工具的交互影响以及回应多元主体不同诉求，对优化宏观调控政策的时度效，尤其是加强部门协同联动和政策协调提出了更高要求。只有坚持运用系统观念统筹谋划，增强宏观政策取向一致性，才能推动经济持续向好。

把握主要矛盾和次要矛盾的关系，高效畅通国民经济循环。在外部环境不利影响加深的背景下，进一步做大做强国内大循环十分必要且紧迫。当前，国内市场仍存在供需不匹配的问题，满足个性化、多样化需求的高品质供给不足，部分中低端产品供给量大却没有相应规模的需求支撑，个别领域也因有效需求不足、"内卷式"竞争出现供过于求。鉴于此，中央经济工作会议提出，针对需求不足的突出症结，着力提振内需特别是居民消费需求。这正是抓住了主要矛盾，以重点突破带动整体经济循环畅通。从破除制约有效需求扩大的体制机制"瓶颈"入手，加快建设高标准市场体系，提升区域市场一体化水平，纠正经济运行中的一些结构性失衡，才能推动实现经济稳、就业稳、物价合理回升的优化组合。

把握量变和质变的关系，更好统筹提升质量和做大总量。量变和质变是辩证统一的，量变是指拓宽经济规模和范围、提升增速，质变是指优化经济结构、提升发展质量和运行效能。推动国内市场由大到强转变是一个从量变到质变的过程，意味着从拓展市场规模和范围，到进一步优化市场结构层次，完善基础制度规则，进而增强对全球优质要素的吸引力和汇聚能力。增强宏观政策取向一致性同样也能反映从量变到质变的过程。随着宏观政策覆盖的领域越来越广，相关工作机制不断健全，主体责任进一步压实，各部门各地方将在政策制定全过程中更为顺畅地实现同频共振、同向发力，从而形成更大的政策合力，有力有效提升宏观经济治理效能。

把握全局和局部、整体和个体的关系，树立全国一盘棋思想。局部和全局互相依存、互相促进。增强宏观政策取向一致性，需要坚持系统观念，加强顶层设计和整体谋划，明确各项战略部署在全局中的定位以及与全局的关系，使各项举措在政策取向上相互配合、在实施过程中相互促进。如果不进行全局谋划、整体推进，就会降低经济社会运行整体效率。例如搞"封闭小市场""自我小循环"的地方保护和市场分割行为，会加剧重复建设和同质化竞争，妨碍市场优胜劣汰机制实现。清理破除这类不当干预行为，关键在于树立全国一盘棋思想，实施全国统一大市场建设指引，强化制度刚性约束，推动各地积极融入和服务好全国统一大市场建设。

形成合力激发更大潜能

展望"十五五"时期，我国经济"稳"的基础更牢靠、"进"的势能更强劲，锚定目标任务，多措并举打出高效政策"组合拳"，就能形成竞相推动高质量发展的强大合力，激发更大的发展潜能。

强化财政政策与货币政策协同作用。要把预期管理放到宏观经济治理的突出位置，引导全社会把握住宏观政策取向。在货币政策方面，适时降准降息，保持流动性充裕，使货币供应量增长同经济增长、价格总水平预期目标相匹配，有力有效支持实体经济增长和经济结构优化调整。在财政政策方面，加大财政支出强度，优化支出结构，强化对创新和民生等重点领域保障。2025年的《政府工作报告》对提高财政赤字率、增发超长期特别国债和新增地方政府专项债券等作出了一系列安排，全国一般公共预算支出规模达29.7万亿元，比2024年增加1.2万亿元。财税和金融领域相关政策的协调配合将合力提升宏观政策有效性，更好服务实体经济高质量发展。

加强各类经济政策密切配合。要促进就业、价格、产业、城乡、区域等宏观和微观领域各类经济政策的高效协同，着力实现增长稳、就业稳和物价合理回升的优化组合。稳增长是稳就业、稳物价的重要前提和基础，后两者又是稳增长的有力支撑。物价能够体现供需动态平衡和产销循环状态。通过合理引导供需，深化重点领域价格改革，能够带动物价合理回升，改善工业企业利润，进而提振市场信心。同时，要深入实施就业优先政策，将稳就业与稳投资紧密结合起来，支持各类企业稳岗扩岗。

加强经济政策和非经济性政策同向发力。要加强法治、教育、文化等领域政策协调配合，把非经济性政策纳入宏观政策取向一致性评估，健全评估工作机制，完善自评估和送评程序。例如，在法治方面，要加快出台新版市场准入负面清单和公平竞争审查条例实施办法，进一步破除市场准入壁垒，切实提高市场准入效能，规范涉企执法行为，依法纠治违规异地执法。在民生方面，聚焦"一老一小"等群众关切事项，促进基本公共服务均等化，加快完善生育支持政策体系，加大养老设施建设与适老化改造投资力度，为充分释放内需潜力提供支撑。

健全宏观政策取向一致性评估机制。要将宏观政策取向一致性评估作为引导预期的重要手段，让公众和市场机构更好理解把握政策目标和内涵，凝聚共识、形成合力。统筹政策制定和执行全过程，强化一致性评估，促进政策从"最初一公里"到"最后一公里"衔接协同。借助大数据等技术手段，引入人工智能大模型等新型辅助工具，及时研判宏观形势与分析微观诉求，支撑政策优化调整。

提升政策工具组合效能
推动经济持续回升向好 *

科学的宏观调控、有效的政府治理是发挥社会主义市场经济体制优势的内在要求。依托科学高效的宏观经济治理体系，运用各类政策工具组合，能够充分发挥我国超大规模市场、完备产业体系、丰富人力人才资源等诸多优势，推动经济平稳运行和高质量发展。

从"一揽子"增量政策看我国宏观政策工具运用特征

我国在宏观经济管理实践中不断深化认识，逐步构建起以国家发展规划为战略导向，以财政政策和货币政策为主要手段，就业、产业、投资、消费、环保、区域等政策紧密配合，目标优化、分工合理、高效协同的宏观经济治理体系。相比传统宏观调控，宏观经济治理目标更多元、统筹更全面、手段更丰富，而且相关政策工具还在实践中不断拓展。从近年来的实践看，各类宏观政策工具的组合运用具有鲜明的治理特性，这在2024年9月中央政治局部署推出的"一揽子"增量政策中体现得尤为明显。

一是注重短期调控目标和中长期发展目标相结合。近期目标与中长期目标不是割裂的，必须统筹考虑。传统宏观调控在面对经济短期波动时，更强调尽快通过财政货币手段进行逆周期操作，以快速推动经济恢复到预期增长轨道，实现短期调控目标。然而，过度关注短期目标，容易导致政策超调和变动频繁，透支未来政策空间，还可能加剧风险，不利于经济长远发展，反

---

* 作者郭春丽、李清彬，本文原载于《学习时报》2025年3月31日。

过来也会影响短期目标的实现。我国宏观政策工具运用强调统筹好"近"与"远"的关系，既有效应对当下困难挑战，也更加重视解决中长期发展中的重大问题，实现短期目标和中长期发展目标的有机结合。"一揽子"增量政策，不仅及时有效应对当前问题，通过加大宏观政策逆周期调节等举措推动实现年度目标，还通过落实"两重""两新"等重大举措，加大补短板、惠民生领域投资，增强经济发展内生动能，为长远发展打牢基础、夯实根基。

二是注重需求管理和供给管理相结合。供需动态平衡是经济平稳健康运行的理想状态。传统宏观调控主要是调节总需求，突出需求管理，解决有效需求不足问题，以熨平经济波动。我国宏观政策工具运用则针对经济发展中的主要矛盾，强调供给与需求并重，既注重发挥我国超大规模市场优势扩大内需，也注重深化供给侧结构性改革改善供给，努力推动形成"需求牵引供给、供给创造需求"的动态循环。在"一揽子"增量政策中，既使用消费、投资政策工具有效扩大国内需求，也注重通过建立未来产业投入增长机制、健全促进实体经济和数字经济深度融合制度等措施来优化供给。

三是注重逆周期和跨周期调节相结合。与逆周期调节相比，跨周期调节具有时间跨度长、政策手段多样、调控目标长远等特点。与传统宏观调控以逆周期调节为主不同，我国宏观政策工具运用注重统筹逆周期调节和跨周期设计：一方面，科学运用财政、货币等宏观调控主要政策工具努力保持经济运行在合理区间；另一方面，注重通过发展规划、人口政策、体制改革等中长期工具，着力解决生产力布局、产业结构调整、人口老龄化、系统性风险等中长期、深层次问题。"一揽子"增量政策中，在大力度逆周期调节政策基础上，还系统部署了生育支持政策体系、全国统一大市场建设、高水平对外开放等政策举措，给逆周期调节提供了更长远的跨周期指引。

四是注重总量调控和结构调整相结合。传统宏观调控往往将经济过热、过冷视作总量问题，而忽略其背后对应的结构调整需要。我国宏观政策工具运用则将总量调控与结构调整紧密结合起来，既通过总量政策促进供需更好匹配，也采取结构性政策工具促进结构调整升级，推动高质量发展。关注"一揽子"增量政策，不仅要看到可以量化的超常规逆周期调节财政货币政策规模，更应看到产业、投资、消费等政策对于推动经济结构平衡的作用，还应特别注意针对地方隐性债务、房地产市场、资本市场等经济运行中的突出结构性问题的有效治理。正是将解决总量与结构问题紧密结合起来，才能更大程度地发挥出政策效能，促进经济行稳致远。

五是注重短期应对措施和长期制度建设相结合。与将短期目标和中长期目标相结合类似，我国宏观政策工具运用不仅关注短期如何应对，更注重通过长期制度建设来破除制约经济平稳健康运行的各类障碍因素，在调控中实现经济制度体系科学组合和优化升级，进而提升经济运行效率、实现经济发展质量的跃迁。"一揽子"增量政策，不仅涉及各领域短期性举措，还坚持用改革精神、创新举措解决发展问题，注重加快推出一批条件成熟、可感可及、有利于实现经济持续健康发展的改革举措，进而提振市场信心、提升发展质量效益。例如，制定全国统一大市场建设指引、修订扩大鼓励外商投资产业目录、实施更加开放的过境免签政策、出台健全社会信用体系意见等，进一步改善营商环境，不断释放和激发经济社会发展动力活力，为经济高质量发展注入源源不断的新动能。

此外，我国宏观政策工具运用还特别注重政策组合与协调配合。就单个政策而言，政策是否务实管用，出台的时点、力度和节奏是否合理是影响政策效果的关键。就整体政策而言，政策取向是否一致、是否协同发力至关重要。"一揽子"增量政策打出的是一套"组合拳"，统筹财政、金融、消费、投资等领域，兼顾经济运行各领域各方面，是针对经济运行各领域的新情况新问题进行的一次综合性系统性部署。在政策实施中要求用好一致性评估工作机制，提升各领域政策目标、工具、力度、时机、节奏的一致性和匹配度，不断增强宏观政策取向一致性，进而形成共同推动高质量发展的强大合力。

"一揽子"增量政策效能持续释放

面对持续加大的经济下行压力，2024年9月，中央政治局召开会议，以习近平同志为核心的党中央果断部署推出"一揽子"增量政策，使社会信心有效提振、经济明显回升，为顺利完成2024年经济社会发展主要目标任务发挥了决定性作用，同时，相关政策效能也在持续释放，为2025年乃至更长时间经济平稳运行和高质量发展注入"强心剂"。

增长目标顺利完成。2024年经济运行呈前高、中低、后扬态势。第一季度经济开局良好，但受国内外多方面因素影响，第二、第三季度主要指标连续走低，下行压力加大，实现预期目标难度明显加大。随着"一揽子"增量政策的及时推出和落地见效，第四季度国内生产总值同比增长5.4%，比第三季度加快0.8个百分点，最终顺利完成全年经济增速5%的目标。

国内需求显著提振。在消费品以旧换新政策加力带动下，2024年第四季度社会消费品零售总额同比增长3.8%，比第三季度加快1.1个百分点。2025年1~2月，消费品以旧换新政策继续显效，社会消费品零售总额同比增长4.0%，比上年全年加快0.5个百分点。在"两重"建设和大规模设备更新带动下，2024年基础设施投资增长4.4%，比前三季度加快0.3个百分点；设备工器具购置投资增长15.7%，比上年加快9.1个百分点，拉动全部投资增长2.2个百分点。2025年1~2月，效果继续释放，基础设施投资同比增长5.6%。

产业发展显著加快。需求端的有效扩大带动工业和服务业增长加快。2024年第四季度，全国规模以上工业产能利用率为76.2%，比第三季度上升1.1个百分点。规模以上工业增加值同比增长5.7%，比第三季度加快0.7个百分点。2025年1~2月，全国规模以上工业增加值同比增长5.9%，比2024年全年加快0.1个百分点。2024年第四季度服务业增加值同比增长5.8%，比第三季度加快1个百分点，房地产业增加值也由第三季度的负增长转为全年增长2%。

物价水平温和回升。在消费需求提振拉动下，2024年第四季度至2025年1月，扣除食品和能源以后的核心CPI涨幅连续回升。工业产销改善也带动价格回稳，2024年11月和12月PPI降幅连续收窄。2025年1月，工业生产者出厂价格降幅与2024年12月持平，2月同比、环比降幅均有所收窄。

楼市股市逐步改善。政策组合效应不断释放，楼市、股市状况有了不少积极变化。2024年第四季度，房地产市场止跌回稳，新建商品房销售面积、销售额同比实现正增长；2025年1~2月，全国新建商品房销售面积同比下降5.1%，降幅比2024年全年收窄7.8个百分点；新建商品房销售额下降2.6%，降幅收窄14.5个百分点。2024年第四季度，资本市场活跃度显著上升，沪深两市股票成交量、成交金额分别比第三季度增长1.1倍、1.6倍，市场情绪逐渐回暖；2025年以来，资本市场表现良好，人工智能、人形机器人等科技领域的亮眼表现带动市场继续活跃。

债务风险有效缓释。在力度空前的地方隐性债务置换政策支持下，地方实现了隐性债务显性化、高息债务低息化，资金压力、利息支出压力、化债压力大大减轻，既兜住基层"三保"底线，也使地方政府腾出更多资金发展经济，增强了经济发展动能。截至2025年3月5日，地方已发行置换债券2.96万亿元。债务置换有效带动平台退出，2024年四季度平台减少4680家，占全年减少总数的2/3以上，有效降低了地方债务风险。

此外，经济运行回升向好，各部门收入有所好转，带动了各方面预期信心增强。

优化提升政策效能推动经济持续健康发展

必须清醒看到，我国经济高质量发展面临的外部环境更趋复杂严峻，不确定、难预料情况增多，对全球产业链供应链稳定、市场预期和投资信心都可能产生负面影响，对我国贸易、科技等领域造成冲击。同时，我国经济回升向好基础还不稳固，还存在有效需求不足特别是消费不振、部分企业生产经营困难、群众就业增收面临压力等问题和困难。为此，要按照中央经济工作会议和2025年《政府工作报告》部署，提高宏观调控的前瞻性、针对性、有效性，进一步充实完善政策工具箱，强化系统思维，提升宏观政策实施效能，推动经济持续回升向好和高质量发展。

一是将更加积极有为的宏观政策落实到位。实施更加积极的财政政策，按照既定预算安排，加快各项资金、额度下达拨付，尽快形成实际支出，切实提高资金使用效益。实施适度宽松的货币政策，强化货币政策支持性功能，使社会融资规模、货币供应量增长同经济增长、价格总水平预期目标相匹配。将经济政策的着力点更多转向惠民生、促消费，着力做好扩大内需、因地制宜发展新质生产力、扩大高水平对外开放、有效防范化解重点领域风险等各项重大任务，进一步巩固经济发展和民生改善的良性循环。坚持以进一步全面深化改革调动各方面积极性，加快研究部署一批有利于拓展宏观政策发力空间、发展新质生产力、激发市场活力、经济增长效应明显、可感可及的改革措施,实现宏观政策和改革措施同频共振、同向发力。

二是强化政策工具组合运用和协调配合。科学研判宏观经济大势和微观主体政策需求,加强综合统筹和综合平衡,强化财政、货币、产业、投资、就业、消费、区域等领域的政策协调,提高宏观政策的组合效应。合理确定政策出台时机、力度和节奏,建立健全政策有序退出机制,做好新旧政策的衔接。增强宏观政策取向一致性,把经济政策和非经济性政策都纳入宏观政策取向一致性评估,健全"政策出台前评估—实施中跟踪分析—实施效果反馈调整"的全链条动态化评估调整机制,强化政策统筹,确保同向发力、形成合力。出台实施政策要能早则早、宁早勿晚,与各种不确定性抢时间,看准了就一次性给足,提高政策实效。加强上下联动、横向协作,促进政策从"最初一公里"到"最后一公里"衔接畅通。此外,预期管理至关重要,要注重倾听市场声音,及时了解不同类型微观主体的政策诉求并作出回应,协同推进政策实施和预期引导,创新政策宣传解读工作,以易懂的语言、合理的方式,在合适的时机向社会公众准确说明政策意图,提高宏观政策实施效果。

三是强化政策工具前瞻储备。加强对国内外中长期经济形势的前瞻性研究和预测研判,利用大数据分析、人工智能分析、大模型分析等新技术手段加强经济监测预警,提前发现经济运行中的潜在问题和风险。发挥国家发展规划的战略导向作用,推动宏观调控的短期目标与发展规划确定的中长期目标相协调,并根据经济形势变化加强政策预研储备,做到提前布局、靠前发力。顺应存量经济对宏观调控影响加大的形势,探索将宏观资产负债表管理融入宏观经济治理,推动做优增量和盘活存量的政策协同发力,形成存量经济与增量经济共同推动经济持续回升向好和高质量发展格局。加强对主要经济体宏观经济政策的前瞻研判,加强国际政策协调,有效防范其他国家相关政策的外溢效应。

宏观经济治理有力推动经济质效向好＊

科学的宏观调控、有效的政府治理是发挥社会主义市场经济体制优势的内在要求。2024年11月15日，习近平主席在亚太经合组织工商领导人峰会上的书面演讲中指出："中国出台了一系列重磅改革举措，将有力推动经济持续回升向好，有充足信心实现今年经济增长目标，继续发挥世界经济增长最大引擎作用。"① 我们的充足信心来自多个方面，其中一个重要方面就是我国的宏观经济治理。近年来，面对纷繁复杂的国际国内形势，在习近平经济思想科学指引下，我国发挥国家发展规划战略导向作用，完善政策统筹协调机制，促进多目标动态平衡。2024年以来，我国加大宏观调控力度，着力深化改革开放、扩大国内需求、优化经济结构，推动我国经济稳中向好、持续向好，全年经济社会发展主要目标任务顺利完成。

"十四五"时期，我国宏观经济治理不断完善

进入"十四五"时期以来，我国坚持稳中求进工作总基调，持续完善目标优化、分工合理、高效协同的宏观经济治理体系，丰富了宏观调控政策工具箱，提升了宏观经济治理能力，为经济高质量发展提供了有力支撑。

统筹短期应对与中长期发展，强化宏观政策逆周期和跨周期调节。"十四五"之初，面对世纪疫情等突发事件，我国保持战略定力，没有搞"大水

＊ 作者郭丽岩，本文原载于《人民日报》2024年12月11日。
① 《把握时代大势 共促世界繁荣——在亚太经合组织工商领导人峰会上的书面演讲》，《人民日报》2024年11月17日。

漫灌"的强刺激，而是保持宏观政策的连续性和稳定性，根据轻重缓急，在把握逆周期调节力度与节奏的基础上优化跨周期政策设计，将主要经济指标稳定在合理区间。"十四五"中后期，针对有效需求不足、新旧动能转换阵痛等问题，我国推出一系列宏观政策促进经济结构调整、转型升级，多措并举为地方和企业发展减负担、增动能，为市场提供合理充裕流动性，增强风险化解能力，激发经营主体活力，为增强经济韧性与可靠性提供了有力支撑。

统筹扩大内需和深化供给侧结构性改革，打通经济循环的堵点卡点。"十四五"时期，阻碍国民经济循环的堵点卡点，既有疫情、自然灾害等不可抗力，也有周期性结构性问题。面对疫情冲击，我国统筹推进疫情防控和经济社会发展，在做好应急处突的同时持续深化供给侧结构性改革，有力畅通了国民经济循环。疫情防控平稳转段后，我国顺应形势变化，着力以科技创新推动产业创新，特别是以颠覆性技术和前沿技术催生新产业、新模式、新动能。同时，着力扩大国内需求，激发有潜能的消费，扩大有效益的投资，形成消费和投资相互促进的良性循环。总体来看，宏观政策在供需两侧协同发力，加速形成供需互促、产销并进的良性循环，畅通国民经济循环。

更加重视宏观政策的统筹协调和系统落实，通过政策一致性评估提升治理效能。我国经济治理目标具有多重性，既包括平抑短期经济波动也包括中长期优化经济结构，不仅要关注总量均衡更要推进结构升级与质效向好。这对政策协同提出了更高要求，在丰富政策工具的同时也要强化协同创新。我国把经济政策和非经济性政策都纳入一致性评估，建立政策文件评估机制，重点对政策文件是否符合中央精神、是否会对经济产生收缩性抑制性影响、是否会对社会预期产生不利影响等进行评估。这既能避免"分解谬误"，防止将整体任务简单分解，也能避免"合成谬误"，防止不同政策相互掣肘，有利于促进政策形成组合效应，增强宏观经济治理整体效能。

更加注重引导社会预期，探索形成有效的预期管理方式。预期管理是宏观经济治理的重要内容，主要是指把政策对社会预期的影响作为确定政策出台时机、方式与力度的重要考虑因素。发达经济体大都把引导和管理社会预期作为提升宏观政策有效性的重要手段，主要集中在货币政策等相关领域。与之相比，我国预期管理在宏观经济治理实践中的覆盖面更广。例如，2018

年，针对经济运行中出现的边际变化，党中央提出"六稳"的要求，其中就包括稳预期；2023年底，中央经济工作会议提出加强经济宣传和舆论引导等。总体来看，我国预期管理的范围不仅包括货币政策，也包括财税、产业、区域等多方面政策，在引导社会预期向政策目标靠拢，从而提高政策效率、实现政策目标方面发挥着重要作用。

2024年以来宏观经济治理加力提效

2024年以来，世界经济复苏乏力，贸易保护主义、单边主义和地缘政治冲突交织，加大了世界经济运行的不确定性。我国经济正处在结构优化调整关键期、新旧动能转换阵痛期，经济下行压力加大。以习近平同志为核心的党中央团结带领全党全国各族人民，沉着应变、综合施策，经济运行总体平稳、稳中有进。

具体来看，2024年第一季度，宏观政策靠前发力，国民经济实现良好开局，国内生产总值（GDP）同比增长5.3%。面对外部环境复杂性严峻性不确定性上升、经济稳定向好基础尚不牢固等形势，4月30日召开的中共中央政治局会议强调"避免前紧后松，切实巩固和增强经济回升向好态势"，提出要靠前发力有效落实已经确定的宏观政策，要及早发行并用好超长期特别国债，落实好大规模设备更新和消费品以旧换新行动方案等。

2024年上半年，面对外部环境变化带来不利影响增多的情况，我国深化改革开放，加强宏观调控，延续回升向好态势，GDP同比增长5.0%。7月30日召开的中共中央政治局会议深刻分析经济运行中面临的风险与挑战，明确提出宏观政策要持续用力、更加给力，及早储备并适时推出一批增量政策举措等。贯彻落实党中央决策部署，宏观政策与重大改革举措形成"组合拳"。例如，出台《关于完善市场准入制度的意见》，对优化新业态新领域市场准入环境作出部署，指引各类经营主体向"新"而行。

2024年第三季度，面对复杂严峻的外部环境和国内经济运行中的新情况新问题，宏观调控加力增效，国民经济运行总体平稳、稳中有进。9月26日召开的中共中央政治局会议指出要抓住重点、主动作为，有效落实存量政策，加力推出增量政策，进一步提高政策措施的针对性、有效性等。相关部门积极行动，加力推出"一揽子"增量政策。

2024年第四季度以来，随着存量政策持续显效、增量政策有效落实，经济运行中的积极因素持续增多。10月，市场销售、服务业、进出口等主要经济指标明显回升，其中社会消费品零售总额、服务业生产指数、货物进出口总额同比分别增长4.8%、6.3%、4.6%，比9月加快1.6个、1.2个、3.9个百分点；11月，制造业采购经理指数在景气区间上行，扩张步伐有所加快，充分体现了政策组合效应的不断释放。

总体来看，2024年以来，我国宏观经济治理的系统性和协调性明显增强，既有宏观总量政策，又有针对重点行业和领域的结构政策，还有助企帮扶的微观政策；既有释放流动性等短期需求管理政策，也有完善市场经济基础制度、提升市场内在稳定性的改革举措。例如，针对经济下行压力，加大逆周期调节力度，通过降准降息释放流动性；把促消费和惠民生结合起来，通过优化就业、收入分配和消费良性循环机制，促进中低收入群体增收；引导中长期资金入市、推进公募基金改革，提振资本市场信心等。各领域政策目标一致、各有侧重、衔接匹配、互为支撑。系统落实好存量政策和已出台的"一揽子"增量政策，持续巩固主要经济指标回升势头，全年经济社会发展主要目标任务顺利完成。

以自身最大确定性应对外部不确定性上升的风险

当前，我国发展仍面临重要战略机遇，同时外部环境不确定性明显上升。推动我国经济在惊涛骇浪中行稳致远，必须增强风险意识与底线思维，保持战略定力、积极主动应对。党的二十届三中全会审议通过的《中共中央关于进一步全面深化改革 推进中国式现代化的决定》（以下简称《决定》）提出健全宏观经济治理体系并作出战略部署，2024年12月9日召开的中共中央政治局会议分析研究2025年经济工作，为我们加强宏观经济治理、保持经济平稳健康发展提供了科学指引，既有利于短期稳增长，又能够在中长期激发支撑高质量发展的潜力和动能。把党中央决策部署落实到位，要更好兼顾当前与长远、总量与结构等，实施更加积极的财政政策和适度宽松的货币政策，充实完善政策工具箱，加强超常规逆周期调节，提高宏观调控的前瞻性、针对性、有效性，进一步增强政策合力。为此，要重点做好以下几方面工作。

以全国统一大市场建设畅通国内大循环。构建新发展格局，打通制约经济循环的堵点卡点，关键在于建设全国统一大市场。要制定全国统一大市场建设标准指引，引导各地找准自身在构建新发展格局中的位置和比较优势，同时加大区域战略实施力度，加快形成主体功能明显、优势互补的区域协调发展新格局，推动市场基础制度规则统一、市场监管公平统一、市场设施高标准联通，促进商品要素资源在更大范围内畅通流动。

推动新旧动能转换更加顺畅。《决定》提出健全因地制宜发展新质生产力体制机制并作出战略部署，这有利于缩短新旧动能转换的"阵痛期"。贯彻落实这一要求，既要推动传统产业"稳得住"，带动上下游产业巩固回稳增效势头，并全面推动产品提档升级，以更高附加值、更高品质增强市场竞争力；又要推动新产业"立得住"，加快塑造新动能新优势，培育更多经济增长点。同时，深入实施产业基础再造工程和重大技术装备攻关工程，增强产业链供应链自主可控能力；强化绿色生产力快速成长势头，提升经济增长的含金量。

强化风险意识，兜牢安全底线。当前，全球流动性环境正在发生变化。深入分析外部环境的影响，提前做好预研预判，才能更好防范化解风险。为此，要集中力量支持做好一批国家重大战略实施和重点领域安全能力建设项目，确保粮食安全、能源资源安全、重要基础设施安全，并完善海外利益保护体系，同时健全网络、数据、人工智能等领域的安全综合治理体系和安全保障能力，切实增强产业韧性与抗冲击能力。

弥合宏观数据与微观感受间的"温差"。在经济运行中，宏观数据来自对经济整体的综合分析，微观感受来自每一个经营主体、每个居民在经济社会活动中的直观体验。一般来看，任何市场经济体都存在一定"温差"。经济规模大、经营主体多元，不同主体在经济周期波动中感受难免存在差异。健全预期管理机制，注重与市场沟通、回应企业关切，可以帮助社会公众更好理解推动高质量发展的各项举措；加强对政策执行情况的跟踪评估，以企业和群众满意度为重要标尺及时进行调整和完善，能够进一步优化政策环境；深化要素市场化配置改革，多措并举降低企业运行成本、增强实体经济领域企业的盈利能力，可以激发企业发展潜力等。这些宏观政策有利于稳定预期、提振信心，弥合宏观数据与微观感受间的"温差"。

找准扩大内需关键点*

大国经济的特征都是内需为主导、内部可循环。我国拥有14亿多人口、4亿多中等收入群体，是全球超大规模且最有增长潜力的市场。从消费看，居民衣食住行和精神文化等方面的需求潜力巨大；从投资看，虽然近年来我国固定资产投资增速等出现放缓趋势，但短板领域、薄弱环节和产业新领域新赛道等方面的投资还有很大发展空间。总体来看，国内需求持续扩大的潜力将进一步释放。中央经济工作会议对扎实做好经济工作作出重要部署，提出"要激发有潜能的消费，扩大有效益的投资，形成消费和投资相互促进的良性循环"，为进一步扩大国内需求指明了方向。

消费和投资从来不是割裂的，而是具有紧密互动关系的。消费是生产的最终目的，也是生产的动力所在，投资则是实现这个最终目的的重要手段。消费需求催生生产供给，进而需要投资来形成相应的生产能力；消费需求规模增加，促进供给规模增加，进而推动投资规模扩大；消费需求结构的变化也要求供给结构随之变化、与之匹配，从而引致投资结构的相应变化。同时，投资并非完全被动地被消费牵引，一些投资特别是创新性投资也能够激发出新的消费需求。因而，必须正确认识消费和投资在国民经济循环中的互动关系，充分发挥超大规模市场和强大生产能力的优势，推动消费和投资相互促进，形成良性循环，进而更有效、更可持续地扩大国内需求。对此，我们既要激发有潜能的消费，又要扩大有效益的投资，找准扩大国内需求的关键点。

一方面，要激发有潜能的消费。需顺应消费升级、下沉、融合等趋势，

---

* 作者李清彬，本文原载于《经济日报》2024年1月9日。

聚焦重点领域、重点群体，建立和完善扩大居民消费的长效机制，使居民有稳定收入能消费、没有后顾之忧敢消费、消费环境优获得感强愿消费，努力推动消费从疫后恢复转向持续扩大。

一是激发重点领域消费。加快推动汽车消费由购买管理向使用管理转变，促进汽车更新消费；推动可穿戴设备、智能产品等加快更新迭代，打造电子产品消费应用新场景；大力发展数字消费、绿色消费、健康消费等新型消费，积极培育智能家居、文娱旅游、体育赛事、国货"潮品"等新的消费增长点，带动相关产业和消费场景的投资；聚焦中老年等人群的新需求，挖掘和释放相关消费潜能。同时，加快推动消费下沉从扩面转向提质，促进乡村消费需求更好释放。持续深入推进消费领域供给侧结构性改革，增加中高端消费品国内供应，以高质量供给满足不断升级的消费需求。

二是夯实消费增长的基础。就业是民生之本、收入是民生之源。持续扩大就业、促进居民增收，是提高居民消费能力、提升居民消费意愿、释放居民消费潜力的有效手段。要落实就业优先政策，不断提高经济发展的就业带动能力，健全重点群体就业支持体系，加强困难群体就业兜底帮扶，促进多渠道灵活就业；努力提高居民收入在国民收入分配中的比重，提高劳动报酬在初次分配中的比重，完善按要素分配政策制度，多渠道增加城乡居民财产性收入，扩大中等收入群体；加大税收、社会保障、转移支付等的调节力度，继续完善个人所得税制度，不断提高住房、教育、医疗、养老、育幼等公共服务水平。

三是持续优化消费环境。需加快培育多层级消费中心，提升城市商业体系，合理布局养老、托育、餐饮、家政等便民生活服务业态，推进完整社区建设，提高居民消费便利度；加强县域商业体系建设，建设改造一批乡镇商贸中心、集贸市场、农村新型便民商店，推动重点商贸街巷改造升级；全面开展"放心消费行动"，完善重点消费领域服务标准，依法打击假冒伪劣产品；全面落实带薪休假制度，鼓励错峰休假、弹性作息，促进假日消费。此外，还要加快清理制约消费的各种规定和做法，有序破除消费领域的体制机制障碍和隐性壁垒。

另一方面，要扩大有效益的投资。切忌盲目铺摊子、上项目，需把消费和投资作为一个整体，瞄准现实和未来的实际需求扩大投资。

聚焦重点领域扩投资。重点支持关键核心技术攻关、新型基础设施、节能减排降碳，培育发展新动能。要加快推进保障性住房建设、"平急两用"公共基础设施建设、城中村改造"三大工程"，加快补上交通、能源、水利、物流、生态环境保护和社会民生等方面的基础设施短板弱项；实施城市更新行动，推进城市地下管网建设改造，打造宜居、韧性、智慧城市；加大对乡村地区、中西部地区投资，着力改善生产生活条件。同时，加大传统制造业转型升级投资，加快节能降碳等技术改造，扩大先进制造领域投资，提高制造业供给体系质量和效率。实施消费促进专项投资政策，支持消费基础设施建设、设备更新改造和关键生产线改造升级，引导各方面增加对教育、医疗等领域的投资。加大绿色消费领域投资，推动大规模设备更新和消费品以旧换新。加大强化战略科技力量的投资，开展关键核心技术攻关，加大高端新材料、重大技术装备、智能制造和机器人等领域投资，抢占战略制高点。加大新兴产业新领域新赛道投资，推动数字化转型、网络化协同、智能化变革等领域的投资，加强新型基础设施建设。

有效调动多元主体投资积极性。用好增发国债、中央预算内投资、地方政府专项债券等政府投资，进一步加快中央预算内投资计划下达和执行进度，扩大专项债券用作资本金范围，有效发挥政府投资的带动放大效应。着力营造鼓励和支持民营经济发展的良好环境，以点带面地为民营企业解决发展中遇到的具体问题，支持社会资本参与新型基础设施等领域建设。推动出台、实施更大力度吸引外资的"一揽子"政策措施，有针对性地解决当前外商来华投资面临的堵点难点问题。全面取消制造业领域外资准入限制措施，持续推进服务业领域扩大开放，为外商来华投资提供更加广阔的空间。

持续优化投资环境。良好的投资环境是扩大投资、提升投资效益的重要保障。要持续推进投资管理制度改革，提高投资便利化水平。抓紧建立全国重点民间投资项目库，加强项目融资支持和用地等要素保障。规范实施政府和社会资本合作新机制，最大程度鼓励民营企业参与基础设施和公用事业领域建设运营。积极稳妥推动基础设施不动产投资信托基金健康发展，促进盘活存量资产，形成投资良性循环。加强项目研究论证，高质量做好项目储备工作，形成"储备一批、开工一批、建设一批、竣工一批"的良性循环。做好投资效益评价，加强投资风险防控，有力提升投资效益。

以消费提质升级充分释放消费潜力*

消费是我国经济增长的重要引擎。习近平总书记指出："消费日益成为拉动经济增长的基础性力量。要增强消费能力，改善消费条件，创新消费场景，使消费潜力充分释放出来。"① 2024 年 12 月召开的中央经济工作会议提出，大力提振消费、提高投资效益，全方位扩大国内需求；2025 年《政府工作报告》对提振消费作出系统部署，要求以消费提振畅通经济循环，以消费升级引领产业升级。深刻认识消费提质升级的主要内涵，准确把握我国消费提质升级趋势，对扩大国内需求、畅通经济循环、稳定经济增长具有重大意义。

深刻认识消费提质升级的主要内涵

消费提质升级既是高质量发展的重要引擎，又关系到人民生活的真实效用水平是否真正提高、经济高质量发展是否有效惠及于民。消费提质升级不仅是需求侧收入水平提升的结果，也是供给侧技术创新的结果，其本质是更好满足人民群众对美好生活的向往。具体内涵主要包括以下三方面。

消费内容递进升级。消费提质升级反映的是居民消费需求从物质满足向精神富足、从单一功能向多元价值转变，表现为消费支出结构升级、消费品质提升。在消费支出结构上，恩格尔系数逐步下降，居民消费梯次从生存型向发展型、享受型转变，由物质型向服务型转变。这种变化与马斯洛需求层

---

* 作者郭春丽，本文原载于《学习时报》2025 年 5 月 2 日。
① 《当前经济工作的几个重大问题》，《求是》2023 年第 4 期。

次理论高度契合，体现了人民对美好生活的需求从"基础生存"到"生态健康""社会归属""自我实现"的梯次升级。在消费品质上，消费者对产品和服务的质量要求更高，是对产品功能、服务体验、文化内涵等全方位的需求升级。

消费方式不断革新。消费提质升级的深层逻辑在于打破传统供需的单向传导模式，形成需求牵引供给、供给创造需求的更高水平动态平衡，实现国民经济良性循环。居民消费内容的递进升级同现代科技和生产方式相结合，促进供需更加高效匹配，带动消费方式不断革新。近年来，以数字消费为代表的新型消费加速发展，在"互联网+实体商店"方式的基础上，提升为"产品基地+数字平台+物流配送"方式，推动线上线下联动、多渠道融合互动发展，不仅使优质产品更低成本、更便捷触达消费者，也丰富了消费场景，引领消费模式更新。同时，科技赋能还通过大数据构建消费者画像，推动用户直连制造（C2M）定制化生产，实现千人千面的精准供给，带动消费方式向个性化、定制化发展，更好满足消费者多元化需求。

消费理念更加成熟。随着经济社会快速发展以及人口结构变化，居民消费理念更加成熟，突出表现在消费决策、消费文化、消费者社会责任等诸多方面。消费决策更加理性，消费者从炫耀性消费向策略性消费转变，越来越多的消费者不再单纯追求"买更多""买更贵"，更多转向"买得对"。消费文化更加自信，消费者在文化认同、价值选择上对国内品牌、中华优秀传统文化和生活方式表现出更强的信心与偏好。消费者社会责任觉醒，在消费决策中消费者更加关注商品服务的社会和环境影响，并通过消费行为推动社会公平、环境保护和可持续发展，带动消费扶贫、健康消费、绿色消费等快速发展。

准确把握我国消费提质升级趋势

当前我国消费提质升级趋势明显，呈现多维度、多层次、动态演进的特征。

商品消费品质不断提升。我国居民恩格尔系数已经由 2012 年的 33% 下降到 2024 年的 29.8%，按照联合国的标准已处于小于 30% 的富裕阶段，同时食品消费内部结构更加优化，肉、蛋、奶类消费量不断增加。大宗消费升级趋势明显，千人汽车保有量由2012年的89辆提高到2024年的250辆，其中代表汽车消费升级方向的SUV占乘用车销量比重由2012年的14.3%提高到2024年的49.4%。居住类消费显著改善，城镇人均住房建筑面积超40平方米，家用电器、装修装潢等消费快速发展。

发展型、享受型消费日益提升。我国人均GDP已经超过1.3万美元，进入物质型消费社会向服务型消费社会跨越的关键时期，人民对高品质生活的需求更多体现在服务性消费领域。近年来，服务性消费支出增速快于商品消费，居住、医疗保健、交通和通信、教育文化娱乐服务等发展型、享受型服务消费支出比重趋于上升，2024年我国居民人均服务性消费支出占人均消费支出的比重提高到46.1%。随着人民群众对高质量、多样化的教育、医疗、文化旅游等需求快速增长，家政、养老、教育、冰雪经济、银发经济等消费发展潜力将进一步释放，成为服务消费快速增长的有力支撑。

消费新业态、新模式快速发展。近年来，我国消费新场景、新业态、新产品持续涌现。人工智能、大数据等技术的深度应用极大丰富了消费内容，智能化产品逐步延伸至生活、办公、出行、娱乐、学习等众多领域，智能家居、智能穿戴消费市场呈现高速增长态势。数字消费发展较快，品牌直播、知识型直播、内容型直播等直播新模式不断涌现，在线服务平台为消费者提供更多选择，网络零售、直播电商等逐步融入居民日常生活。健康、绿色消费理念渐成主流，健康消费、绿色消费正以多元形态渗透人们的生活，改变日常消费习惯。随着人工智能、大数据、新能源技术等新技术日渐成熟，在消费端的应用或将进一步加快，智能、绿色、健康等消费场景的创新拓展将成为消费发展新热点。

体现文化自信的国货消费方兴未艾。近年来，"国货""国潮"产品越来越受到消费者的青睐，从时尚新颖的本土电子产品，到高性价比的美妆个护民族品牌，再到根植中华优秀传统文化的文创产品等，掀起了一轮又一轮的消费热潮。第53次《中国互联网络发展状况统计报告》显示，2025年以来在网上购买过国货产品的用户占网购总体用户的比例达58.3%，特别是年轻消费者对传统文化的认同感持续增强。京东消费及产业发展研究院发布的

《2024国货消费观察》显示，近一年京东搜索热度TOP100品牌中"国品"占比持续超过70%，"90后"及"00后"的年轻消费者国货消费金额占比超60%。随着传统文化与现代技术的融合创新，越来越多的个性化、多样化、品质化"国货""国潮"消费新增长点将不断形成，构成消费发展的新动力。

促进消费提质升级的重要路径

适应居民消费提质升级趋势，需要把支持政策和改革举措协同起来，精准发力、统筹施策，采取更有效的促消费政策，贯通增强消费能力、改善消费条件、创新消费场景等链条。

千方百计增强城乡居民消费能力。提升居民收入是促进消费提质升级的关键。当前，我国就业总量压力和结构性矛盾并存，要鼓励企业积极稳定就业，加大职业技术培训力度，加快完善就业公共服务，支持大学生、农民工等重点群体就业，支持受"关税战"冲击较大行业群体转岗就业，稳定就业基本盘。研究深化个人所得税改革，建立专项扣除标准定期动态调整机制，允许以家庭为单位汇算清缴，增强中低收入群体消费能力。提升城乡居民基本养老保险待遇，逐步提升社会救助、社会福利、社会优抚等兜底保障标准，健全分层分类的社会救助体系。

大力增加服务消费供给。服务消费是居民消费提质升级的主要方向，高质量服务供给不足是主要矛盾。要进一步放宽服务业市场准入，全面提升教育、医疗、文化、体育、养老、家政服务等领域的供给水平，大力发展服务消费。健全保障和改善民生制度体系，新增财政支出更多向民生领域倾斜，重点增加教育培训、医疗保健、公共卫生等以人力资本为核心的公共服务支出，特别是加大农村地区、进城农民工的公共服务支出。

促进商品消费升级。加力扩围实施消费品以旧换新政策，根据居民消费品升级换代趋势动态调整，逐步将更多升级型消费品纳入支持范围。适应居民消费转型升级趋势，健全中高端消费品和服务标准体系，发挥好标准对产品和服务质量提升的引领作用。逐步降低消费外流比较严重、人民群众需求较大的消费品的进口关税，扩大中高端消费品进口。

持续支持国货消费。支持企业开发更多体现中华优秀传统文化深刻内涵的国货商品和服务，用中华优秀传统文化精髓赋能千行百业、浸润千家万户。加强国货品牌建设，在发挥中华老字号和驰名商标对国货及服务消费牵引带动作用的同时，加大对优势特色产品的扶持力度，加快培育龙头企业、国家品牌，增强消费者对国产品牌的认可度。完善国货产品和服务的标准，切实保障国货产品质量和信誉。

积极培育壮大消费新业态新场景。消费新业态新场景是促进消费转型升级的重要方式。立足我国庞大人口基数，顺应个性化、多元化、差异化趋势，鼓励企业强化创新，在更多细分领域开发优质产品和服务，形成新的消费需求。深入实施数字消费提升行动，大力培育品质电商。用好我国应用场景丰富、技术迭代能力强等优势，加快新技术推广应用，发展低空旅游观光、飞行体验、赛事运动等低空消费，促进"人工智能+消费"，释放自动驾驶、虚拟现实、人工智能、机器人等领域消费潜力。把握健康、绿色消费趋势，加大中医养生、体育健身等消费产品的研发和推广，建立健全绿色产品标准、标识、认证体系，释放健康消费和绿色消费潜力。

如何破解消费供给的结构性矛盾*

近年来，提振消费一直是社会各界关注的热频词。2025 年《政府工作报告》提出，着力破解消费供给的结构性矛盾。从发展阶段看，我国的消费结构正在快速变化，需要加快形成"需求牵引供给、供给创造需求"的更高水平动态平衡。随着消费升级趋势凸显，消费供给结构呈现出一些新特点，如何认识和破解消费供给存在的结构性矛盾，成为提振消费的关键所在。

促进居民消费规模扩大、结构升级，除了在需求端增加居民就业和收入、社会保障外，还要重点关注消费供给对适配有效需求、畅通供需循环的支撑作用。消费供给的本质是社会生产体系对消费需求的动态适配过程，在居民消费结构不断升级的背景下，其内涵已经从传统的商品供给扩展为涵盖物质产品、服务体验、场景创新的综合供给体系。与以往相比，呈现出三个新特征。

一是供给形态多元化。这不仅指产品种类的增加，更包括供给主体、要素组合、服务模式等多维创新，其核心在于通过多样化、差异化的供给方式满足多层次、动态化的消费需求。传统的消费供给主体以普通的制造业和零售业为主，当前则呈现出新兴服务主体、技术平台深度参与和融合的特征。在供给内容上也不断突破传统产业边界，人工智能、自动驾驶等技术加速重塑消费场景，出现"服务+制造""文旅+科技"等新的融合形态。二是价值创造深化。消费供给正在从单一的功能性满足向情绪价值、社会价值和生态价值等多重功能延伸。例如，"宠物经济"快速升温是当代消费者对情感

---

* 作者姜雪，本文原载于《经济日报》2025 年 4 月 9 日。

需求提升的结果；高质量陪诊师和护理员等供给的增加则聚焦提升老年群体生活品质。三是适配动态化。消费供给通过技术赋能，能够构建更为灵活的响应需求变化的供给体系，提高供需匹配效率。例如，企业利用大数据，通过跨平台数据整合与深度学习算法，可实时捕捉消费需求的微观变化，更好挖掘消费者的潜在需求。又如，柔性制造系统使企业能够根据市场需求波动快速调整生产线，提升消费品从生产端到消费端的响应速度。

值得注意的是，当前我国消费供给的结构性矛盾成为制约消费潜力释放的重要因素。一方面，商品消费领域存在中高端供给相对不足的问题，消费者的多层次、个性化、高品质需求不能得到及时有效满足。另一方面，服务消费存在供给短板，特别是在高端化、专业化、标准化方面存在对消费升级的制约。2024年全国居民人均服务性消费支出突破1.3万元，居民服务性消费支出占人均消费支出的比重为46.1%，服务性消费需求进入快速释放期，但因其具有无形性和体验性的特点，品质管控和标准管理难度高于商品消费，一些服务领域质量参差不齐。例如，家政、养老服务在用工标准、收费标准等方面还不统一；文旅、养老、医疗等领域存在同质化现象，适老化与个性化服务亟待增加。此外，由于服务性消费往往具有生产与消费的不可分离性，使得医疗、教育等优质服务资源因城市的"虹吸效应"而导致区域间供需不平衡。

破解消费供给的结构性矛盾，需把握"需求牵引供给、供给创造需求"的辩证关系，通过制度突破、监管创新、供需协同等系统性改革，切实将超大规模市场优势转化为高质量发展胜势。

第一，推动消费品制造业转型升级。明确产品安全性能和技术门槛，以消费者为中心推动数字化、智能化、绿色化升级。加快消费品制造业领域标准提升，将用户需求嵌入产品全生命周期管理，促进消费品领域个性化、高端化、定制化发展，解决同质化竞争导致的供需错配问题。

第二，加快完善服务业标准体系。规范服务质量基准，明确文旅、家政、养老等领域的服务流程、质量评价体系。加快行业标准与国家标准、国家标准与国际标准的对接，建立服务质量监测平台。推动远程服务与智慧终端融合发展，例如，加快智慧养老院建设，通过智能设备监测老年人健康数据并提供远程医疗支持。

第三,扩大服务消费市场准入。聚焦医疗、养老、教育等领域,清理服务业行业不合理的准入限制。例如,可探索试点"负面清单+信用承诺"制度,缩短民办养老机构审批周期,鼓励社会资本参与。在中高端医疗、休闲度假等生活性服务业领域适度放宽市场准入,实施跨境服务贸易负面清单。

第四,优化城乡服务资源配置。加强城乡要素县域统筹,推进城乡基础设施一体化,重点保障住房、教育、医疗等基本公共服务均等化,构建城乡统一的养老托育、健康管理等服务标准,支持县域智慧养老、远程医疗等场景建设,更好满足县乡居民服务消费需求。

把握消费升级趋势扩大内需[*]

消费既是国民经济循环的终点也是新的起点,还是加快释放内需潜力、增强经济发展动力的主要着力点。2021年我国最终消费支出对经济增长的贡献率达到65.4%,拉动经济增长5.3个百分点,但总体上我国消费复苏进程仍然面临压力。2022年的《政府工作报告》指出,要坚定实施扩大内需战略,增强内需对经济增长的拉动力,特别强调要"着力适应群众需求、增强消费意愿""推动消费持续恢复"。

作为经济发展最重要的内生动力,消费反映了人民对美好生活的向往和追求。2021年我国人均GDP已经达到12551美元,超过世界人均GDP水平,接近世界银行发布的高收入国家门槛值。随着我国发展阶段的变化,居民消费需求已经逐渐从注重数量转向追求质量、从生存型消费转向发展型和享受型消费、从以物质型消费为主转向以服务型消费为主,制约消费潜力释放和消费升级的主要矛盾也已经转向了供给端的生产。新发展阶段扩大内需,要顺应消费升级趋势,寻求投资与消费的结合点,更多考虑以消费升级方向确定投资的重点领域,改善生产结构,实现投资与消费的良性互动和更高水平的动态平衡。

目前,居民消费从以物质型消费为主向以服务型消费为主升级的趋势十分明显,新型消费是服务消费增长的热点。随着居民消费能力不断提升和消费预期持续增强,物质型消费需求增速趋缓,而服务型消费全面快速增长,占居民消费支出的比重不断提升,蕴藏着巨大发展潜力但与发达经济体相比

---

[*] 作者易信、姜雪,本文原载于《经济日报》2022年4月6日。

仍有较大差距。同时，随着新技术、新模式、新业态蓬勃发展，物质型消费服务化趋势明显，在物质型产品中融入大量增值服务，成为传统消费向新型消费升级的突出特点。未来随着居民收入水平提升和城乡基本公共服务均等化加快实现，数字经济加快发展，城乡居民服务型消费需求潜力将快速释放。尤其是随着新型消费的内涵不断拓展，从新技术、新业态、新模式支撑下的传统消费拓展体，发展为反映居民消费升级趋势和新时代文化潮流的创新体，发展为传统消费业态、产品、服务的融合体及新消费场景和消费工具的联合体，新型消费对服务消费快速增长形成新的更大支撑。

要看到，不同年龄层次构成的梯度消费格局，推动不同领域服务消费快速增长。比如，"50后""60后"推动老龄消费需求快速增长。目前我国已进入中度老龄化社会，人口老龄化将带来巨大的老龄消费需求，医疗保健、家庭服务等方面的需求将增加，养老、医疗健康等服务性消费需求将快速增长。又如，"70后"推动健康养生、休闲娱乐等需求增长。这一人群消费实力较强，更加关注生活品质的改善，对健康养生和休闲娱乐等服务的需求更为突出。再如，"80后""90后"成为新型消费的主力，推动教育培训、文化娱乐和家庭服务等需求增长。还有更多年轻消费群体是以音视频、社交、直播、游戏为核心的"宅娱乐"的忠实粉丝。不同年龄层次的消费人群共同构成了当下的消费新格局，必须精准围绕各个群体的消费需求发力，才能更好满足人民日益增长的美好生活需要。

从某种意义上说，消费升级是一场深刻变革，将带来生产方式深刻变化，引领生产方式走向数字化、智能化、现代化，大批量生产走向个性化、定制化，"互联网+""智能+"前所未有地颠覆和重构传统产业，带动投资结构向数字化、智能化、绿色化转变，高技术制造业投资、高端服务业投资动能强劲、潜力巨大。适应新一轮科技革命和产业变革及消费需求变化，5G、人工智能、工业互联网、物联网、数据中心等新型基础设施建设投资需求快速增加，也带动传统基础设施、城市建设、产业体系和流通体系的数字化、智能化、低碳化升级改造投资需求增加。

总体来看，居民消费升级方向体现了人民对美好生活向往的主流方向，需顺应居民消费升级趋势，大力发展服务消费、加快培育新型消费、持续提升传统消费，增强投资对供给的支撑作用，建立消费需求长期稳定可持续增长的有效制度体系，形成以内需为主导、消费为主体的比较稳定均衡的需求格局，为经济高质量发展创造有力的需求支撑。

一方面，要大力发展服务消费，满足居民多样化消费升级需求。聚焦人民美好生活需要，放宽服务消费市场准入，扩大养老托育、医疗健康、文旅体育等高品质服务消费供给。包括稳步建立长期护理保险制度，推动公共设施适老化改造，大力发展"银发经济"，满足养老消费需求；完善多样化市场供给体系，着力增加3岁以下婴幼儿托育服务有效供给，满足育幼服务需求；统筹加强全民健身场地设施建设，满足大众多层次、多样化的体育服务消费需求等。

另一方面，要加快培育新型消费，打造消费新增长点。顺应数字化、智能化趋势，加快发展信息消费、数字消费、绿色消费，鼓励定制、体验、智能、时尚消费等新模式新业态发展。推动互联网和各类消费业态紧密融合，支持传统商业企业加快数字化、智能化改造，鼓励发展无接触配送等新业态新模式。实施生活服务数字化赋能行动，有序发展在线教育、在线健康医疗服务、在线文娱、智慧旅游等，培育壮大"互联网+服务"新模式。

还要看到，消费与投资息息相关，应立足消费升级方向确定投资的重点领域，形成有效投资与消费升级良性互动局面。在这一过程中，既要加大养老、医疗、教育、托育托幼、家政等民生服务领域补短板投资，为民生消费创造更便捷、更高效、更高质量的设施条件和环境，还要顺应消费新模式新业态方向，推进云计算、物联网、大数据中心、智慧城市等建设投资，加快布局数字消费新基建；既要深入实施县域商业建设行动，加快完善农村流通网络，还要加快推进国际消费中心城市培育建设，打造服务消费新高地和新型消费标杆城市，加快优化服务消费和新型消费环境，以高标准建设带动服务消费尤其是新型消费高质量发展。

把握农业现代化发展新机遇*

中央农村工作会议深入分析当前"三农"工作面临的形势和挑战,对2025年"三农"工作作出具体部署安排。其中一个重要着眼点就是加快农业农村现代化步伐,推动农业基础更加稳固。精准把握农业现代化发展趋势,明晰推动农业现代化,是实现农业增效益、农村增活力、农民增收入的必然要求。

纵观世界农业现代化发展进程,农业机械化、智慧化、绿色化、融合化等发展趋势明显,许多国家对增强农业产业链韧性的关注度也在持续提升。

机械化更加普及。农业现代化先行国家通过将先进的机械设备和设施在粮食作物、非粮作物等全领域普及,对农业种植、养殖、管理、收获、加工等全过程覆盖,在平原、丘陵、山地等全空间运用,逐步实现了农业生产方式从传统手工劳作向机械化工具大规模应用转变,有效提高农作物产量和质量,促进农业规模化、标准化和产业化发展,提升农业劳动生产率,进而实现农业高产高效。目前,发达国家农业机械化率平均值在90%以上,美国农业机械化率已达到95%。

智慧化更加广泛。随着农业科技创新加速,关键核心技术全面突破,农业现代化先行国家更加注重发挥数字技术对农业发展的叠加、放大效应,加快建设农业数字基础设施,并在农业生产、管理、经营等各个环节广泛运用智能设备和技术,推进农业生产网络化、信息化、智能化,降低生产成本,大幅度提高农业生产效益和经济效益。很多国家利用全球定位系统、遥感技术等对农田进行精准管理,使用智能农机、无人机、传感器等设备,通过大数据对农业数据进行深入分析,指导农业生产,以及在智慧农业中使用物联

---

* 作者安淑新,本文原载于《经济日报》2025年1月2日。

网、区块链、人工智能等。

绿色化更加鲜明。伴随人类生产生活面临的自然资源环境约束持续增加，国际社会对可持续发展的重视程度不断提升。欧美和日本等国从20世纪初期就开始发展和推广生态农业、有机农业、绿色农业。农业演进的一个新趋势就是实现生产方式更加可持续，注重生态环境保护，减少对土地和水资源的过度开发，推动农业生产方式向集约化、绿色化加速转型。一些国家采用节水灌溉、农业耕作和养殖有机化、化学农药减量化、种养模式循环化、农机装备绿色低碳化等方式，以此减少对土壤、水源和空气的污染。

融合化更加深入。农业现代化先行国家注重通过延长农产品产业链，发展农产品加工业、农产品托管业、农产品电商销售平台等多元化业态，形成"农业+"多元融合的产业互动模式，打造一二三产业深度融合的优势特色农产品产业集群，进一步挖掘和提升优质农产品资源价值，实现农产品品牌溢价效应。发达国家的农产品加工业非常发达，农产品附加值高，农产品加工业产值与农业总产值比例平均为3.5∶1。

农业产业链韧性趋强。近年来，农业现代化先行国家更加重视提升农业产业链供应链韧性和安全水平，努力保障粮食生产能力稳定、种业自主、生态系统良好、农产品质量安全、农业生产资源可持续利用和耕地安全，确保国家粮食安全，防范和应对农业生物灾害、农业环境污染风险以及复杂国际形势变化。发达国家的育种技术自给率在90%以上，美国、丹麦、荷兰等国在奶牛、肉牛、猪和家禽等畜禽育种方面处于全球领先地位。法国、美国、德国、英国的谷物自给率分别为130%、128%、84%、70%，有的国家不仅能自给自足，还能出口一部分。

我国是农业大国，无论是持续巩固拓展脱贫攻坚成果，还是全面推进乡村振兴，都需要农业充分发挥重要基础作用。随着农业生态化的理念逐步深入人心，数智技术向农业广泛渗透，我国农业现代化逐步由科技化步入智慧化、绿色化、融合化阶段。2024年全国粮食总产量14130亿斤，比上年增加221.8亿斤，有史以来首次迈上14000亿斤台阶。同时也要看到，目前仍存在农业技术装备研发和应用相对落后、部分粮农作物和畜禽的育种能力不强、农业生产质量效益不高等问题。需紧紧抓住新一轮科技革命和产业变革蓬勃发展、市场需求不断扩大、新型工业化和城镇化深入推进等重要机遇，以农业高质量发展为主题，以加快发展农业新质生产力为主线，以机械化为基础，以智慧化为动力，以绿色化为引领，以融合化为支撑，以强韧性为保障，抓好关键任务，加快推进农业现代化。

以农业机械化扩容提质提升农业劳动生产率。积极推广农机装备"上山"，"以机适地"或"以地适机"，拓展机械化多场景应用，提升机械化率，降低生产成本，提高农业综合效率。补齐果蔬、中药材等非粮作物在机械化方面的短板，促进各类经济作物的农业机械化范围拓展。研制和推广适用于多场景的畜牧养殖机械装备，扩大畜牧养殖机械装备规模，以机械化带动畜牧渔业生产向现代化转型。

以加强关键核心技术攻关提高农业智慧化产业链的自主可控能力。加强农业智慧化关键核心技术和装备协同攻关，支持农业企业与高等院校、科研院所等创新主体组建创新联合体，强化智慧化农业装备的自主创新成果与知识产权保护，着力突破技术装备瓶颈，加快科技成果大面积推广应用，因地制宜发展农业新质生产力。

以农业全面绿色转型促进农业可持续发展。推进农业耕作有机化，减少化学农药使用量，提升农药使用效率，拓展有机生物农药推广应用范围。加大生态种养模式推广应用，促进农户内部小循环；健全农业种养社会化服务组织、生态化种养基础设施，促进种养产业中循环；推动绿色加工物流、废弃物回收利用等产业链集成发展，实现社会层面的种养大循环。

以增强重要农产品供给保障能力确保国家粮食安全。严守耕地红线，高质量推进高标准农田建设，强化农业科技和装备支撑，确保粮食和重要农产品稳产保供。树立大农业观、大食物观，农林牧渔并举，构建多元化食物供给体系。持续完善种业科技创新体系，加强农业种质资源保护开发利用，强化自主品种的培育，把握种业发展主动权。完善与农业现代化相配套的市场体系，规范农产品交易市场秩序、健全农产品电子交易体系、完善信息化服务体系等，实现农业资源市场化合理配置和高效利用。

以强化农业现代化与新型工业化、信息化、城镇化互促共进提升融合水平。以工业化思维推进农业现代化，通过新型工业化和智能制造技术，促进农业与工业、生产性服务业深度融合，提高农业综合效益。以信息化思维赋能农业现代化，积极发展"互联网+农机作业"，打造更加智慧化的现代农业生产模式。统筹推进新型城镇化和乡村全面振兴，加速发展与农业生产相配套的农副产品加工业和农业生产性服务业，促进城乡产业链互补，以城带乡，反哺现代农业建设。

以产业兴旺促乡村全面振兴*

乡村要振兴,产业必振兴。产业兴旺,是解决农村一切问题的前提。只有实现乡村产业振兴,才能更好推动农业全面升级、农村全面进步、农民全面发展。

近年来,我国支持乡村产业发展的一系列政策措施不断落地,推动实施了一批重大工程、重大项目,乡村产业发展取得积极成效。农业生产继续稳定发展,2020年,我国粮食总产量稳定在13000亿斤以上,农林牧渔业增加值约81400亿元,占农业及相关产业增加值的48.8%;农业全产业链条发展更加成熟,2020年,我国农产品加工业营业收入超过232000亿元,较上年增加12000亿元,全国农业及相关产业增加值为166900亿元,随着农业产业链条不断延伸,产业发展的质量和效益不断提高;乡村旅游、农村电商等新产业新业态蓬勃发展,2020年,全国农林牧渔业休闲观光与农业农村管理服务实现增加值6213亿元,建设了一批产值超10亿元的特色产业镇(乡)和超1亿元的特色产业村;技术、人才等要素对农业发展的支撑不断增强,2020年,农林牧渔业科研和技术服务、教育培训与人力资源服务增加值分别为2515亿元、1520亿元,农业信息技术、农业金融等其他支持服务增加值为3717亿元,资金、人才、技术和信息等要素加快向农业流动。

总体来看,我国乡村产业发展态势良好,仍有广阔发展空间,关键要在产业发展基础方面继续夯实,当前存在的一些短板弱项也需及时补足和加强。一方面,乡村产业综合实力和竞争力仍不够强,表现出门类不全、规模较小、

---

* 作者安淑新,本文原载于《经济日报》2022年4月25日。

链条较短、布局较散的特征；乡村一二三产业融合程度不高，品种、品质、品牌等方面都亟待提升，产业发展的质量效益和农民获得的增值收益都比较低；一些地方同质化竞争现象比较突出，产业的内生动力和自我发展能力都需增强。另一方面，农产品加工水平和能力有待提升，主要是农业发展方式较为粗放，农产品加工技术和装备等较为薄弱，农业标准化建设推进较为缓慢，这些都制约了农产品加工产业的发展。与此同时，乡村产业发展的资源要素和配套设施支撑仍不足，制约城乡要素双向流动和平等交换的障碍依然存在，资金稳定投入机制尚未建立，技术研发支持力度不够，人才激励保障机制尚不健全，乡村交通物流、网络通信、仓储冷链、商业网点等设施建设也有待加强。

要解决好这些现实问题，需着眼国家重大战略需要，聚焦稳住农业基本盘的要求，顺应产业发展规律，立足农业产业特征，以农民为主体，以农业农村特色优势资源为依托，以科技创新为支撑，以农村一二三产业融合发展为路径，发挥有效市场和有为政府的作用，以更大力度、更实措施推动乡村产业振兴，带动乡村全面振兴。

一是做强做优现代农业。聚焦产业现存的关键薄弱环节切实发力，继续培育壮大新型农业经营主体，加快发展农业社会化服务，提升农机装备研发应用水平，推动农业生产规模化、集约化、信息化，形成现代化农业生产方式，切实保障粮食和重要农产品供给；加快推动现代农业标准体系建设，规范农产品生产过程和流通环节质量安全监管，把农业生产产前、产中、产后纳入标准化管理轨道，逐步形成与国际接轨的国家农业标准化体系；完善农产品品牌建设体系，培育彰显地域特色的"新名片"。

二是发展特色富民产业。重点是依托乡村农产品资源优势，按照"集链成群"的思路，以工补农、以工促农，让一产能够"接二连三"，健全产业链、融合创新链、打造供应链、提升价值链，推动农业向"生产+加工+科技"一体化全产业链条方向发展，提高综合效益，把增值收益更多留给农民。还需依托县域链主企业，强产业龙头、扩生产基地、带广大农户、创区域品牌，选择市场空间大、经济效益高、资源后备足、比较优势大的特色优势产业来发展"一县一业"，将资源优势转化为产业优势，使产业优势转化为经济优势。

三是培育发展新产业新业态。全面挖掘农业多种功能和乡村多元价值，拓宽产业门类，重点发展乡村休闲旅游、农村电商等新产业新业态。依托乡村独特资源优势，推动农业与旅游、教育、康养等产业深度融合，发展各类休闲农业新业态。同时，加快培育农村电子商务主体，优化农村电子商务公共服务中心功能，扩大电子商务进农村覆盖面，畅通产品进出乡村的通道。

四是充分发挥功能性平台的作用。依托现代农业产业园区、农业现代化示范区、国家农村产业融合发展示范园、中小微企业集聚区等平台，加强资源整合、要素集聚和政策集成，培育特色优势产业集群。特别是要围绕产业链部署创新链，依托国家农业高新技术产业示范区、国家农业科技园区、农业科技创新平台、农村创新创业孵化实训基地等，健全产学研用协同创新机制，大力推进技术攻关和转化应用。

五是不断完善支撑乡村产业发展的基础设施。既要健全县乡村三级物流配送体系，加强城乡交通、农产品仓储保鲜和冷链物流等基础设施建设，加快补齐制约乡村产业发展的物流短板，又要瞄准构建世界一流数字农业基础设施目标，加强新型基础设施建设，推动大数据、物联网、5G、人工智能等在乡村产业发展中的应用。

此外，还需在健全要素保障体系上下功夫。打破地方保护和市场分割，打通制约城乡要素流动的堵点，促进要素资源更多向乡村产业流动。重点在放活土地要素、完善财政支农投入机制、完善人才发展机制等方面切实发力，持续增强乡村产业发展动力、活力和竞争力。

接续推动脱贫摘帽地区乡村全面振兴[*]

经过持续奋斗，我国如期完成了新时代脱贫攻坚目标任务，现行标准下农村贫困人口全部脱贫，贫困县全部摘帽，消除了绝对贫困和区域性整体贫困。脱贫攻坚的重大胜利，极大增强了人民群众的获得感、幸福感、安全感，彻底改变了贫困地区的面貌，取得了令全世界刮目相看的重大胜利，创造了人类减贫史上的伟大奇迹。

需要看到，虽然我们摆脱了绝对贫困，但解决相对贫困问题依然是一个较为长期的工作。乡村振兴战略是党中央针对我国农业农村发展的主要矛盾和突出问题作出的重大战略部署，是关系全面建设社会主义现代化国家的全局性、历史性任务。脱贫攻坚取得胜利后，要全面推进乡村振兴，这是"三农"工作重心的历史性转移。对此，我们要深刻认识和理解巩固拓展脱贫攻坚成果同乡村振兴有效衔接的重要性。面向新发展阶段，既要坚决守住脱贫攻坚成果，又要进一步拓展脱贫攻坚成果，更好推动乡村振兴，形成工农互促、城乡互补、协调发展、共同繁荣的新型工农城乡关系，将我国减贫事业不断引向深入。

一

当前，我国发展不平衡不充分的问题仍然突出，巩固拓展脱贫攻坚成果的任务艰巨，特别是面临着一些现实困难。

一是已取得的脱贫攻坚成果基础尚不牢固。脱贫摘帽地区的各方面基础

---

[*] 作者安淑新，本文原载于《经济日报》2021年3月15日。

依然薄弱，长期发展的动力不足。一些地方的产业基础薄弱，扶贫产业发展尚未进入良性轨道，产业项目同质化严重；易地扶贫搬迁工作成效尚不稳固，易地搬迁后续扶持有待加强；已脱贫群众受身体素质、职业技能、家庭负担、发展环境等方面的制约，有的就业不够稳定，有的政策性收入占比较高，尚未形成持续增收和致富的能力；脱贫不稳定户、边缘易致贫户以及因各种原因收入骤减或支出骤增户还有不少，他们依然存在返贫致贫的可能性。

二是农村基础设施和公共服务还存在短板。具体来看，部分农村公路通达深度不够、路网密度不高，季节性缺水问题依然存在，现有的基础设施难以完全满足农村生产生活的需要。同时，农村教育、医疗、体育文化等方面的配套还不完善，乡村教师队伍、医疗卫生队伍等还不稳定，农业科技人才也较为缺乏，亟须培养造就一支懂农业、爱农村、爱农民的工作队伍。

三是脱贫地区和脱贫户的自我发展能力和内生动力不强。一些地区虽然已经脱贫摘帽，但地区整体发展水平相对较低、发展能力也较为欠缺。主要表现为：以农业为主的产业发展缓慢，农村地区一二三产业融合程度较低；新型农业经营主体力量不强；集体经济发展活力不足，自我发展的意识和能力相对较弱；已脱贫群众增收致富的内生动力不强，文化基础和素质能力较弱，仍存在"等、靠、要"思想。

二

解决一系列现实难题，并且在巩固成果的基础上不断拓展成果，一项重要的工作就是做好巩固拓展脱贫攻坚成果同乡村振兴有效衔接，推动减贫战略和工作体系平稳转型，统筹纳入乡村振兴战略，建立长短结合、标本兼治的体制机制。

首先，要做好工作思路上的衔接。脱贫攻坚与乡村振兴是相辅相成、辩证统一的，但由于二者主要解决的问题和目标导向不同，所以工作的着力点等也各有不同。对此，需要在工作思路上尤其是相关工作的规划上做好衔接、统筹和协调，做到"一张蓝图绘到底"，工作不留空当，政策不留空白。要把推动脱贫攻坚的理念贯穿到乡村振兴的全过程，在基础设施建设、公共服务配套、扶贫产业发展、社会保障等重要领域、重要举措、重大政策上实现有效衔接。

其次,要做好相关政策上的衔接。党中央决定,脱贫攻坚目标任务完成后,对摆脱贫困的县,从脱贫之日起设立5年过渡期。过渡期内保持现有主要帮扶政策总体稳定,是巩固拓展脱贫攻坚成果的关键举措。但相关政策不是一成不变的,而是需要因地因时制宜,根据推动乡村振兴的进程不断优化和调整。因此,需对现有主要帮扶政策逐项分类优化调整,合理把握调整节奏、力度、时限,逐步实现由集中资源支持脱贫攻坚向全面推进乡村振兴平稳过渡。当前的一项重要工作,就是加强农村低收入人口常态化帮扶。对脱贫人口中丧失劳动能力且无法通过产业就业获得稳定收入的人口,以现有社会保障体系为基础,按规定纳入农村低保或特困人员救助供养范围;对有劳动能力的农村低收入人口,坚持开发式帮扶,助力其发展产业、参与就业,依靠双手勤劳致富。

最后,要做好体制机制上的衔接。从巩固拓展脱贫攻坚成果,到有效推动乡村振兴,是一个循序渐进的过程。其中,尤为重要的是总结脱贫攻坚经验,发挥脱贫攻坚体制机制作用,加快构建和完善持续减贫的长效机制,进一步夯实乡村振兴的体制机制保障。为此,要把脱贫攻坚的有益经验总结出来,把相关制度完善起来,在健全防止返贫动态监测和帮扶机制,以及坚持和完善东西部协作和对口支援、社会力量参与帮扶等机制的同时,推动脱贫攻坚政策举措和工作体系同乡村振兴有效衔接、平稳过渡。例如,借鉴在脱贫攻坚中形成的严格考评方式,健全乡村振兴考核落实机制,发挥考核机制的激励作用;强化部门协作机制,加强行业部门之间的工作目标协同、工作措施联动等。

加快推进人与自然和谐共生的现代化*

中央经济工作会议强调，"必须把推进中国式现代化作为最大的政治"。尊重自然、顺应自然、保护自然，促进人与自然和谐共生，是中国式现代化的鲜明特点。推进人与自然和谐共生的现代化是一个动态过程。更好促进经济社会发展全面绿色低碳转型，以高品质生态环境支撑高质量发展，需深刻理解人与自然和谐共生的现代化的独特内涵特征。

一是蕴含着中华优秀传统文化的独特生态观。近代以来，西方国家的现代化大都经历了对自然资源肆意掠夺和生态环境恶性破坏的阶段，在创造巨大物质财富的同时，造成环境污染、资源枯竭。20世纪发生在一些西方国家的"世界八大公害事件"，引发人们对西方现代化的深刻反思。我国人均能源资源禀赋严重不足，加快发展面临更多的能源资源和环境约束，这决定了我国不可能走西方现代化的老路。中国式现代化坚持人与自然和谐共生，摒弃了先污染后治理的传统工业化道路，体现了马克思主义生态观，继承和发展了中华优秀传统文化天人合一、万物并育的生态理念，为当今世界从根本上破解生态危机提供了新思路。

二是体现了经济生态化和生态经济化的统一。促进经济社会发展全面绿色转型是解决资源环境生态问题的基础之策，需自觉把经济活动、人的行为限制在自然资源和生态环境能够承受的限度内，在绿色发展中推动经济实现质的有效提升和量的合理增长。同时，生态环境日益成为生产发展的重要资源和保障，自然资源、环境容量、气候容量等都可被视作经济资源加以开发、保护和使用，既要考量其生态价值，又要考量其经济价值。从这个意义上看，经济增长与环境保护是相互协调、互为支撑的。中国式现代化坚持可持续发

---

* 作者安淑新，本文原载于《经济日报》2024年5月21日。

展,坚定不移走生产发展、生活富裕、生态良好的文明发展道路,要求正确处理高质量发展和高水平保护的关系,兼顾经济利益与环境利益,为实现中华民族永续发展开辟了广阔前景。

三是构建了生态与经济、政治、文化、社会一体实现现代化的体系。人类社会是一个由经济、政治、文化、社会、生态等多种要素组成的严密有机整体,人类社会文明包括物质文明、政治文明、精神文明、社会文明和生态文明五个文明。推进人与自然和谐共生的现代化,把生态文明建设作为关系中华民族永续发展的根本大计,把建设美丽中国摆在强国建设、民族复兴的突出位置,在理论上形成了完整的生态文明体系,体现出中国式现代化是经济、政治、文化、社会、生态文明"五位一体"的全面现代化。

党的十八大以来,我国坚持绿水青山就是金山银山的理念,坚持山水林田湖草沙一体化保护和系统治理,全方位、全地域、全过程加强生态环境保护,生态文明制度体系更加健全,污染防治攻坚向纵深推进,绿色、循环、低碳发展迈出坚实步伐,生态环境保护发生历史性、转折性、全局性变化,天更蓝、山更绿、水更清。同时,我国生态环境保护任务依然艰巨,面临诸多突出矛盾和挑战,生态环境保护结构性、根源性、趋势性压力尚未根本缓解,资源环境对经济发展的约束日益趋紧,生态文明建设仍处于压力叠加、负重前行的关键期,需聚焦重点领域突出问题,加快推进发展方式绿色低碳转型。

全面推进重点行业和领域节能降碳。加快推动产业结构、能源结构、交通运输结构调整优化,大力发展绿色低碳产业,推动煤炭等化石能源清洁高效利用。坚持节能优先方针,加快节能降碳先进技术研发和推广应用,深化工业、建筑、交通等传统领域节能。通过鼓励设备更新、加强技术攻关、促进集聚发展、加快淘汰落后等举措,加快钢铁、石化、建材等重点领域节能降碳改造升级。强化重点用能单位节能管理,实施能量系统优化、节能技术改造等重点工程,加快能耗限额、产品设备能效强制性国家标准制定修订,壮大节能环保、清洁生产、清洁能源、绿色服务等产业。

着力扩大城市蓝绿空间。在城市规划中明确蓝绿空间需求以及占比目标。保护和恢复城市中的生态系统,包括湿地、森林和水体,维护城市生态平衡、生物多样性。建设多功能蓝绿空间，推广城市农业，提高蓝绿空间效益。改善蓝绿空间质量，加强蓝绿空间管理，提高其吸引力和可用性。利用现代技术，监测和管理蓝绿空间，制定更有效的管理策略。

加快提高土地资源节约集约利用水平。不断挖潜土地后备资源，优化土地利用结构。充分发挥好规划的引领作用，科学配置用地空间。推进低效用地再开发，提高存量建设用地利用效率。依据产业生命周期和项目生产周期，优化土地供应，建立健全建设用地供应考核评价制度，提高土地利用管理水平。

大力推动新能源发展。加快构建新型电力系统，促进可再生能源大规模、高比例、市场化、高质量发展，有效支撑清洁低碳、安全高效的能源体系建设。坚持生态优先、因地制宜、多元融合发展，有序开发适合地情的新能源。进一步建设好新能源基础设施网络，提高电网对清洁能源的接纳、配置和调控能力。聚焦能源关键领域和重大需求，加强关键核心技术联合攻关，强化科研成果转化运用。深化新能源科技创新和产业链国际合作，深度参与国际能源治理变革，构建能源绿色低碳转型共赢新模式。

为什么要加快打造绿色低碳供应链？*

绿色发展是高质量发展的底色，绿色化是现代化产业体系的一个重要特征。中央经济工作会议提出"加快打造绿色低碳供应链"，明确了深入推进生态文明建设和绿色低碳发展的重要抓手。发展绿色低碳产业链和供应链，不仅是积极稳妥推进碳达峰碳中和的重要举措，而且是推动经济社会全面绿色低碳转型的关键环节。必须深刻把握绿色低碳供应链的内涵特征，加快绿色科技创新和先进绿色技术推广应用，营造绿色发展的环境氛围，汇聚政府、企业、社会、个人各方力量形成合力，不断提升经济发展的含金量和"含绿量"。

在全球资源环境问题日益突出、应对气候变化共识不断增强的背景下，推进产业绿色化转型，不仅是经济社会高质量发展的内在要求，也是实现人与自然和谐共生的关键。打造绿色低碳供应链是对企业生产方式组织方式的重大变革，具有丰富的内涵特征。

一是以绿色低碳为鲜明导向。绿色低碳供应链是对传统供应链的迭代升级，其鲜明特征是将绿色低碳理念深深植入企业生产商品和提供服务的供应链全流程，将绿色低碳与高效便捷、成本控制、节约提质作为绿色低碳供应链建设和管理的共同目标，促使各类主体的经济活动与社会绿色低碳发展要求相适应。

二是以全供应链协同为关键抓手。打造绿色低碳供应链需要供应链上下游的密切协同配合，将绿色低碳要求贯穿于供应链各个环节，实施设计、采

---

* 作者王利伟，本文原载于《经济日报》2024年9月4日。

购、生产、包装、销售、消费和回收等全链条绿色低碳管理，使资源消耗、环境影响和碳排放降到最低，实现经济效益、社会效益和生态效益相统一。

三是以技术创新为动力、政策配套为支撑。打造绿色低碳供应链是一项复杂的系统工程，包括绿色低碳的标准建设、技术研发、能源使用、流程设计、循环利用等，不仅需要科技创新支持，而且需要形成绿色低碳发展的政策合力和市场化机制作为支撑，在此基础上开展全供应链的改造升级，为打造绿色低碳供应链提供持久动力。

我国具备打造绿色低碳供应链的强大需求和基础条件，应加快推进绿色低碳供应链技术创新，完善绿色低碳供应链政策体系，营造全社会共同参与绿色转型的社会氛围，不断培育壮大绿色发展新动能。

第一，加强技术创新应用。绿色低碳供应链技术涵盖节能降耗技术、数智化赋能技术、新材料技术、产品回收再利用技术等，广泛运用于传统产业绿色化改造升级和新产业新业态发展之中。要强化技术支撑，加强相关重点领域关键技术、产业共性技术研发，加大绿色低碳技术集成创新，不断拓宽新技术应用场景，加快建立与国际接轨的标准和认证服务体系。

第二，发挥龙头企业引领作用。引导行业龙头企业树立绿色低碳理念，开展绿色低碳供应链管理，优先将绿色工厂纳入合格供应商范围，打造绿色低碳供应链公共服务平台，推动建立数字化、智能化的回收网络体系，带动上下游企业实现绿色低碳发展。

第三，强化政策配套支持。加强政策引导，围绕绿色低碳供应链的财税优惠支持、金融服务、场景营造、国际合作、标准制定、法律法规保障等方面，建立正向激励和负向激励相结合的政策体系，强化监督管理，为绿色低碳供应链建设提供良好政策环境。

第四，营造良好社会氛围。打造绿色低碳供应链需要多方协同发力，营造对绿色低碳生产生活方式具有较高认可度和参与度的社会氛围。加大绿色低碳产品和企业宣传推介，增强全民节约意识、环保意识、生态意识，培养全民节约用水、垃圾分类回收、绿色出行等行为习惯，引导全社会形成绿色消费的新风尚。

绿色低碳供应链建设不可能一蹴而就，可以优先选择一些条件相对成熟的行业领域率先探索，为其他行业积累可复制可推广的经验。可考虑选择汽车、电子电器、通信、机械、大型成套装备等制造业行业领域开展示范，按照产品全生命周期理念，建立绿色低碳标准体系，加强供应链上下游企业间的协调与协作，推动协同共建国际绿色低碳供应链，打造一批行业标杆。